CLV

Paul White

Dschungeldoktor in Afrika

clv

Christliche
Literatur-Verbreitung e.V.
Postfach 11 01 35 · 33661 Bielefeld

1. Auflage 2012 (CLV)

Originaltitel: Jungle Doctor
Originalverlag: The Paternoster Press, Exeter
Die deutsche Ausgabe erschien erstmals 1955
im R. Brockhaus Verlag Wuppertal

Postfach 11 01 35 · 33661 Bielefeld
Internet: www.clv.de

Übersetzung: Gottfried Müller
Umschlag: typtop, Andreas Fett, Meinerzhagen
Satz: CLV
Druck und Bindung: CPI – Ebner & Spiegel, Ulm

ISBN 978-3-86699-120-0

Inhalt

Afrikanische Weihnacht

Eine Hyäne heulte verloren in der Dunkelheit.

»Die war ganz in der Nähe, Buana«, sagte Timotheus, mein afrikanischer Koch, zu mir, als er mir einen Hammer reichte.

Wir waren gerade dabei, in unserem Behelfshaus in den Niederungen von Tanganjika den letzten Weihnachtsschmuck anzulegen.

»Was meinst du, Tim, wann der Weihnachtsbaum hier ankommen wird?«

»Er müsste eigentlich schon da sein, Buana. Ich schickte Roger, den Trommler ...« Er konnte den Satz nicht beenden. Es gab einen dumpfen Schlag gegen die Tür, und eine laute Stimme rief:

»Hodi?« (Darf ich reinkommen?)

»Karibu!« (Komm rein!), antwortete ich, und schon erschien ein grinsendes Gesicht über den Ästen eines Dornbusches.

»Hier ist dein Baum, Buana. Ich habe ihn im Wald gehauen. Aber wie willst du ihn aufstellen?«

»Such draußen eine Büchse, Roger. Füll sie mit Erde und pflanze deinen Baum hinein; dann haben wir genauso einen schönen Weihnachtsbaum, wie wir ihn immer in Australien hatten.«

Zwischen dem oberen Rand des rohgezimmerten Türeinganges und dem Rahmen des Moskito-Drahtnetzes am Fenster hängten wir Papierschlangen auf. Ich bastelte ein Sortiment von winzigen vielfarbigen Lichtern, glitzernden Kugeln und Flittergold. Dies alles befestigte ich an einem Häuschen, das ich aus gebeizten Kisten gebastelt hatte.

Eine Reihe von Grunztönen kündigte an, dass Roger mit dem Weihnachtsbaum nahte. Timotheus versuchte, einige Bananenblätter über unsere einzige Kostbarkeit – ein aus zweiter Hand erworbenes batteriebetriebenes Radio – zu legen. Seine Rückseite war dem Weihnachtsbaum zugewandt. Nach etwa sechs Versuchen hatte er die Blätter so angeordnet, dass es ihm gefiel. Er trat zurück, sein Handwerk zu besehen, als eine der spitzen Dornen des afrikanischen »Weihnachtsbaumes« eine gewisse empfindsame Stelle fand. Roger brach in schallendes Gelächter aus.

»*Kah*«, ulkte Timotheus, als die Bananenblätter zu Boden fielen.

»Möchtest du mir nicht helfen, diesen Baum zu schmücken, Roger?«, fragte ich ihn. Seine Augen funkelten.

»*Jah!* So etwas habe ich ja noch nie gesehen!«

So steckten wir Kerzen auf die langen Dornen und verschnürten geheimnisvolle Päckchen in buntem Papier – für Weihnachten, Weihnachten im Herzen Afrikas!

Von den Bergen hinter dem Dorf vernahm man das Rollen eines Donners.

»Heute Abend wird es regnen, Buana«, sagte der Koch und hängte eine riesige Papierkugel auf. »Wir sollten alles unter den undichten Stellen des Daches wegrücken.«

»Woher willst du denn wissen, dass es Regen gibt, Timotheus? Seit acht Monaten ist schon kein Tropfen mehr gefallen!«

»Am Heiligabend regnet's immer hier in Ugogo. – Komm her, schau nur, Buana!«

Draußen war es stockfinster, und der Wind hatte sich gelegt. Über den Bergen zuckten Blitze. Aus der Ferne hörte man das Dröhnen des Donners; es roch herrlich nach Regen auf ausgedörrtem Land.

Ich warf einen letzten Blick in den Vorratsraum, wo zwischen Bittersalzfässchen, Baumwollhaufen und großen dickbauchigen Flaschen mit verschiedenen Medizinen eine große Anzahl bunter Schachteln lagen. Kurz zuvor hatten wir in jede von ihnen einen Bleistift gesteckt, dazu ein Notizbuch, ein Stück Seife und, behutsam in fettdichtes Papier verpackt, ein großes Stück braunen Kandiszucker. Alle Geschenke waren mit dem Namen eines Patienten unseres Krankenhauses oder dem eines Helfers versehen. In Vorbereitung auf die morgigen Festlichkeiten sortierten wir sie jetzt vorsichtig in große Körbe.

Timotheus sah mir zu, wie ich zwei prall gefüllte Strümpfe[1] in das Kinderzimmer legte. Er lächelte.

»Nun ist alles fertig. Gute Nacht, Buana. Schlaf friedlich.«

»Gute Nacht. Schlaf unter dem Schatten des Siebengestirns«, antwortete ich nach Gogo-Art.

---

1 Anmerkung des Herausgebers: Vermutlich bezieht sich das auf einen Brauch in der englischsprachigen Welt, die Weihnachtsgeschenke für die Kinder in Strümpfe zu stecken.

Tim grinste: »Du meinst, unter einem Loch im Dach, Buana!« Eine halbe Stunde später kroch ich hundemüde unter das Moskito-Netz. Es war ein toller Tag gewesen. Soweit ich mich erinnern kann, hörte ich vor dem Einschlafen nur noch die vertraute Weise von *»Good King Wenceslas«*[2], die einige übermütige Afrikaner aus voller Kehle sangen, als sie die schmale Dorfstraße hinunterschritten.

Aus der Ferne tönte das Wumba-Wumba der Trommeln eines Einheimischen-Tanzes herüber.

Im Dorngebüsch am Fluss lachte eine Hyäne. Es überlief mich ein kalter Schauer. Jetzt begannen die Sänger *»The First Noel«*[3], aber ich vernahm nur noch den zweiten Vers … Dann schlief ich ein, träumte von daheim.

Plötzlich wachte ich auf. Das ganze Haus erzitterte, von einem ungeheuren Windstoß getroffen. Ich sprang aus dem Bett und stürzte nach draußen, um die Rollos herunterzulassen und die Fensterläden zu schließen. Noch mühte ich mich im Dunkeln ab, sie anzubinden, da prasselte auch schon der Regen herab. Im Nu war ich durchnässt, doch irgendwie machte ich noch die Rollos fest und klappte die Läden zu. Dreckbespritzt schoss ich ins Haus zurück – das Wasser triefte nur so von meinem Schlafanzug. Vier Zündhölzer lagen schon abgebrannt am Boden, als meine Sturmlaterne endlich brannte. Der Regen strömte wie ein Wasserfall. Ich

---

2 Anmerkung des Herausgebers: Englisches Weihnachtslied, dessen bekanntester Text aus dem 19. Jahrhundert stammt (»Guter König Wenzeslaus«).

3 Anmerkung des Herausgebers: Englisches Weihnachtslied, dessen Text vermutlich auf das 18. Jahrhundert zurückgeht (»Das erste Weihnachten«).

traf alle Vorkehrungen für die unvermeidliche Überschwemmung im Haus.

Schnell packte ich eine Anzahl Büchsen, Töpfe, Schüsseln und Schalen und stellte sie an die strategischen Stellen. Eine stellte ich mitten auf unseren einzigen Lehnstuhl, die zweite auf meinen Schreibtisch und eine dritte auf die obere Oktave unseres baufälligen Klaviers; dann raste ich in das Zimmer der Kinder, schob die kleinen Betten an Stellen, die verhältnismäßig trocken waren, und deckte behutsam ihre Strümpfe mit dem Regenschirm meiner Frau ab. Da fiel mir die große Menge bauschiger Weihnachtspäckchen mit ihrem hohen »Zuckergehalt« ein. Ich wagte kaum auszudenken, was zehn bis fünfzehn Liter dieser tropischen Sintflut aus ihnen machen würden. Schnell deckte ich sie allesamt mit einigen Gummi-Laken aus dem Lager des Krankenhauses zu. Etwas gemächlicher ging ich endlich daran, nach dem Stand der Dinge im Haus zu sehen. Mithilfe meiner Lampe schaute ich aus dem Fenster, konnte jedoch nichts als windgepeitschte Regenböen wahrnehmen. Der ganze Berghang schien ein reißender, brauner Wasserstrom zu sein. Durch das Getöse des Regens, der auf das Blechdach hämmerte, konnte ich das Rauschen der Bäche hören, die von den Höhen herabstürzten. Alle ein bis zwei Sekunden wurde das Dunkel von grellen, zuckenden Blitzen zerrissen. Fast gleichzeitig folgte jedes Mal ein Bombardement von Donnerschlägen.

Ich prüfte alle meine verschiedenen Töpfe, leerte einige aus, stellte andere wieder zurecht – da hörte der Regen so plötzlich, wie er gekommen war, wieder auf. Die Wolken zogen ab, und der Mond leuchtete über dem reich getränkten Land auf. Die Flüsse rechts und links von uns waren zum Überlaufen angeschwollen.

Ich war neugierig, was wohl im Krankenhaus geschehen sein mochte, blieb aber nicht lange im Ungewissen, denn der Gehilfe, der Nachtdienst hatte, kam herüber, um zu berichten.

»Es ist weiter nichts passiert, Buana. Wir schoben die Betten ein wenig durch die Gegend. Nur ein einziger Patient wurde ganz nass: der junge Bursche, den das Krokodil in den Arm gebissen hat. Er sprang aus dem Bett, rutschte auf dem nassen Fußboden aus und prallte gegen den Wassereimer, der daraufhin umkippte. Wir haben uns schiefgelacht!«

»Hat er sich am Arm verletzt?«

»Nein, Buana.«

»Und wie steht's mit den Wänden?«

Er verzog das Gesicht: »Drei Tage werden die Maurer allein im Männer-Raum zu tun haben. In dieser Jahreszeit nehmen Lehmziegel immer Schaden.«

»Und was macht unser Weihnachtsschmuck, Kefa?«

»Einige Papierschlangen hängen kaltfeucht herab, Buana. Sie sehen aus, als ob ihnen nicht ganz wohl ist, aber wir werden sie am Morgen mit einer Menge Bananenblätter abstützen. Du kannst dich auf uns verlassen!«

»Na ja, das Dach ist noch drauf, und die Brunnen sind auch voll. Worüber wollen wir uns denn beklagen? Und wird unsere Ernte nicht großartig in diesem Jahr?«

»Durchaus, Buana, aber werden wir nicht eine ebenso großartige Moskito-Ernte haben und hinterher viel Mühe mit all der Malaria in dieser nassen Jahreszeit?«

»Da hast du schon recht, doch Chinin ist unsere Antwort auf Malaria. Wir haben doch eine Waffe in der Hand gegen die Moskitos: unsere Mikroskope, Spritzen, Pillen und Arzneien. – Gute Nacht, Kefa.«

»Gute Nacht, Buana.«

Die Sänger waren wieder da. Ich konnte sehen, wie sie am Krankenhaus vorbeizogen. Eine ausgediente Sturmlaterne zeigte ihnen den Weg. Über die Erdnuss-Anlagen hinweg, die vom Regen durchnässt waren, hörte man sie:

»Ihr Christen, erwacht!«

»So seht ihr aus«, lächelte ich vor mich hin, warf meine Moskito-Stiefel von mir und krabbelte ins Bett.

Unser Küchenjunge

Ich entfernte eine Motte von der Petroleumlampe, richtete den Docht wieder auf und ließ mich nieder, um die Liste der Arzneien durchzusehen, die wir im Krankenhaus benötigten. Die einzelnen Posten strich ich an: dreißigtausend Aspirin – dabei dachte ich bei mir selbst: »Die werden schon einige Kopfschmerzen vertreiben.«

An der Tür erklang eine tiefe Stimme:

»*Hodi*, Buana?«

»*Karibu.*«

Herein spazierte Timotheus, in der einen Hand einen dicken Stock, in der anderen eine kleine Sturmlaterne.

»*Nhawule* (Was gibt's?), Tim?«

»Och, dieser Küchenjunge. Er heißt Cidogowe, und das bedeutet ›kleiner Esel‹; den Namen hat er verdient, Buana, das kannst du glauben. Dieser Nichtsnutz! Heute Abend hat er den Topf mit dem Hühnerfleisch anbrennen lassen. Die Kartoffeln hat er gestern so gründlich geschält, dass fast nichts übrig blieb, und eben hat er Bibis beste Schüssel zerbrochen. *Kah!*« Er schüttelte den Kopf.

»Na und, was schlägst du vor? Was sollen wir mit ihm machen?«

»Er ist so tollpatschig, Buana, dass er ein Schlachtschiff kaputt schmeißen würde. Ich wünschte, du gäbest ihm Dauerurlaub.«

»Hmmm! Und wer könnte nach deiner Meinung an seine Stelle treten?«

Sofort schlug er seinen Neffen vor, einen jungen Burschen, der nach meiner Einschätzung eine noch bessere Begabung dazu hatte, alles Erreichbare zu zerschmeißen, Schlachtschiffe eingeschlossen.

»Ich will's mir überlegen, Tim, und morgen …«

Eifrig bemüht, seine englischen Sprachkenntnisse zu zeigen, unterbrach mich der Koch:

»Wirst du – Cidogowe – erlassen –, Sir?«

»Entlassen, Tim, entlassen«, lachte ich, als er die Tür aus Moskito-Drahtnetz hinter sich schloss.

»*Ale walamuse* (Gute Nacht!), Buana!«, rief er noch.

»*Tschawalamusa* (Gute Nacht!), Tim!«

Am nächsten Morgen, etwa gegen elf Uhr, befand ich mich im Umkleideraum der Poliklinik; die Jacke hatte ich abgelegt und die Ärmel hochgekrempelt.

Ich war wieder ganz bei der Sache.

»Halt seinen Kopf fest, Daudi, dann hab' ich ihn im Nu heraus.«

Daudi grinste und tat sein Bestes als lebendige Kopflehne. Ich nahm die Zange von dem Tablett, das die Schwester hielt, und packte den frechen Zahn. Ein Ruck – und ich hielt dem erstaunten Afrikaner seinen Backenzahn vor die Nase. – Vierzehn Tage lang hatte er Zahnschmerzen gehabt; sechzig Meilen war er gelaufen, um bei mir seinen »Feind«, wie er ihn nannte, loszuwerden. Er hatte wählen müssen: Entweder machte er die weite Wanderung, oder er ließ sich den Zahn vom Medizinmann Stück für Stück mit dem Taschenmesser herausbrechen.

Mit einem breiten Lächeln drehte er sich zu mir um.

»*Jah*, Buana, raus ist er! Und wie schnell das ging!«

Ich sah seine Zunge im Mund hin und her fahren. Auf der einen Mundseite hielt sie an.

»Hier muss noch einer sitzen, der schmerzen könnte; was machen wir mit dem?«

»Nun«, erwiderte ich, »er sieht jedenfalls noch ganz gesund aus.«

»Oh, aber er tut weh, und eines Tages wird auch er mein Feind. Zieh ihn raus, Buana.«

»Wie du willst«, sagte ich. »Halte seinen Kopf, Daudi.«

Ich tippte den Zahn leise an.

»*Jaja gwe!*« (Oh, Mama!), heulte der Patient los. »Es ist tatsächlich ein Feind.«

Ich nahm eine andere Zange, und es dauerte nur Minuten, da strahlte mein Patient – die Zähne staken, in ein Stück Baumwolltuch gewickelt, in einer Falte seines Gewandes. Er ging hinaus und kam wieder herein, einen Korb aus Rinde und Dornbuschruten in den Händen. Darin lagen zwei ganz kleine Hühnchen.

»Buana, das ist mein Geschenk für dich. Für jeden Zahn eins.«

Feierlich bedankte ich mich bei ihm. Als er draußen war, krümmte sich Daudi vor Lachen.

»Oh, Buana, hast du schon mal solche Hühnchen gesehen?! Der denkt wohl, die könnten deine Zähne kaputt machen! Aber er kennt nicht das Geheimnis europäischer Zähne, die wachsen und verschwinden können, wie du es willst.«

Lachend wandte ich mich zu ihm:

»Da du gerade von Hühnern sprichst – mein Küchenjunge macht dem Koch viel Kummer. Anstelle von Cidogowe schlägt er den jungen Gordon, seinen Neffen, vor, aber ich weiß genau, was dieser mit Bibis bestem Porzellan machen würde.«

Daudi lächelte. »Da haben wir ja das, was die Engländer meinen, wenn sie von ›einer Kuh im Porzellanladen‹ sprechen, Sir.«

»Ein Bulle, keine Kuh, Daudi.«

»Aber – ist denn ein Bulle nicht eine männliche Kuh, Buana?«

Jetzt wurde mir das Gespräch zu tiefsinnig; deshalb kam ich auf den Küchenjungen zurück.

»Weißt du denn niemanden, der als Küchenjunge geeignet wäre?«

»Oh, ich wüsste schon jemanden, Buana: Roger, mein kleiner Bruder, der die Trommel schlägt. Er ist sehr pünktlich und sehr sauber! – Seit er im Krankenhaus lag und Malaria-Fieber hatte, kennt er Jesus.«

Daudi ging fort, um eine Operation vorzubereiten. Gleich darauf erschien James, unsere »Oberschwester«, die Arme voll Bett-Tücher.

»Kennst du Roger, James?«

»Ja sicher, Buana.« Er legte seine Last ab. »Ich weiß noch, wie ich ihm den Dreck vom Kopf abkratzte, als er hereinkam.«

Ich schüttelte mich. James besaß nämlich ein altes Rasiermesser, mit dem er den Leuten die Köpfe schor. Er erlaubte den Patienten nicht, sich in die Krankenhausbetten zu legen, wenn sie Schmutz im Haar hatten, damit sie nicht seine Kissenbezüge total verdreckten, die sein ganzer Stolz waren. Seine Methode, den Schmutz zu beseitigen, bestand in Folgendem: Er packte das einer Kappe gleichende Gemisch aus rötlichem Lehm und kurzem Kraushaar an einem Ende, hob es hoch, und mit einigen kühnen Schnitten seines Messers holte er den ganzen Klumpen herunter. Ich glaubte fest, er würde noch einmal jemanden skalpieren, aber die Sache schien stets gut auszugehen.

»Ich weiß noch, Buana, wie Roger eines Nachts hier mit mir niederkniete, nachdem ich ihm vom Kreuz und dem lebendigen Heiland erzählt hatte. Er wollte wissen, wie man denn Jesus bäte, sein Heiland zu sein. Da gebrauchte ich das Bild vom ›Licht der Welt‹ und sagte ihm, dass Jesus an die Tür klopft. Er möchte, dass wir von innen öffnen, damit er in unsere Herzen einziehen kann. Ich nannte ihm den Vers: ›Wenn jemand meine Stimme hört und die Tür öffnet, zu dem werde ich hineingehen.‹[4]

Da sagte er: ›Aber ist Jesus nicht der Sohn Gottes? Kann er nicht den Eintritt durch die Tür erzwingen?‹

Ich erklärte ihm, dass Jesus das zwar könnte, es aber niemals täte. Er möchte nämlich, dass die Menschen ihn lieben und ihm freiwillig ihr Leben übergeben.«

»Verstand er das alles?«

»O ja, Buana. Er kniete gleich nieder und bat Jesus, ihm seine Sünde zu vergeben und ihm auch zukünftig im Kampf gegen die Sünde beizustehen.«

»Ich meine, wir sollten es mal einen Monat mit ihm versuchen.«

---

4 Anmerkung des Herausgebers: Vgl. Offenbarung 3,20.

»Ein guter Gedanke, Buana. Er ist ein prima Kerl, allerdings sehr laut; sein Lachen klingt, wie wenn sich Krähen zanken. Er half mir im Krankensaal, als es ihm besser ging. Er könnte also die Sache schon richtig anpacken. Jedenfalls solltest du es mal eine Zeit lang mit ihm probieren.«

Kefa, der chirurgische Gehilfe, kam an die Tür.

»Buana, das Operationszimmer ist fertig für den Mann mit dem Hyänenbiss.«

»Ich komme schon, Kefa. – Dann wollen wir ihn mal wieder zusammenflicken. Sag Roger Bescheid, James. Nach der Operation will ich mit ihm sprechen.«

Es war eine heikle Angelegenheit, das wiedergutzumachen, was die schmutzigen Hyänenzähne angerichtet hatten. Doch endlich war es geschafft, und als ich nach einer halben Stunde Maske und Handschuhe ablegte, stand vor mir ein etwa siebzehnjähriger Junge.

»Du wolltest mich sprechen, Buana?«, fragte Roger freudig grinsend.

»Ja. Ich brauche einen Küchenjungen. Aber keinen, der mir das gesamte Porzellan kaputt schmeißt, dem Koch nicht gehorcht, zu spät zur Arbeit kommt oder das Geschirr nur halb abwäscht.«

Roger strahlte über das ganze Gesicht.

»Wann soll ich anfangen, Buana?«

»Sofort«, sagte ich, »aber dalli!«

Wie eine Rakete schoss er durch die Tür, sprang über einen Dornbusch und verschwand in Richtung Küche. – Daudi, der dem frisch operierten Mann das Bein verband, blickte auf und lächelte.

»Roger möchte gern heiraten; er muss zwanzig Kühe zur Aussteuer haben. Die bekommt er jetzt schneller zusammen nach diesem Aufstieg!«

Hühner

Man war gerade dabei, unter einem der Baobab-Bäume beim Krankenhaus eine Kuh abzuhäuten und sie zum Verkauf in Stücke zu hacken. Ich bemerkte, dass mein Koch unter der Menge stand. Er kam zu mir herüber:

»Wie wäre es mit einem Rinderbraten, Tim?«, fragte ich. »Mal etwas anderes als magere Hühner. Ich sehne mich schon lange danach, einmal wieder ein Stück ordentliches Fleisch zwischen die Zähne zu bekommen. Stattdessen hatte ich immer die größte Mühe, sie aus diesen Hühnerbissen herauszuziehen.«

Tim lachte.

»Ich stand gerade dort herum, Buana, und hörte das Neueste über diese Kuh. Der Mann, der sie schlachtete, kam ihrem natürlichen Geschick zuvor. Die Kuh war schon seit Wochen krank, und so dachte ihr Besitzer, auf diese Weise aus ihr Kapital schlagen zu können.«

»*Kah*, Tim«, erwiderte ich, »ich glaube, wir essen heute Mittag doch besser wieder unsere Hühner.«

»Das wusste ich, Buana, dass du auch so denkst; aber die Patienten und unser Personal möchten gern Kuhfleisch. Man muss es eben lange genug kochen.«

Verstohlen schlich Roger zu mir heran.

»Buana, unsere Pfleger und Helfer hätten gar zu gern, dass du ihnen etwas Fleisch kaufst; für ein paar Schilling kann ich den Kopf der Kuh und zwei Beine dazubekommen. Es würde allen große Freude machen, Buana.«

»Roger, hör zu«, wehrte ich ab, »diese Kuh wäre doch beinahe von allein zugrunde gegangen. Und dann willst du das Fleisch noch essen? Hast du denn den Geschmack einer Hyäne?«

»So schlimm ist es ja nun doch nicht, Buana. Wenn's erst mal im Magen ist, kommt es nicht mehr darauf an.«

Ich ließ mich breitschlagen und reichte ihm das entsprechende Geld.

»Nur gebt mir nicht hinterher die Schuld. – Ich werde mich nach einer Flasche Rizinus-Öl umsehen.«

Aber Roger war schon mit dem Einkauf beschäftigt.

Ein breites Lächeln ging über das Gesicht des Kochs.

»Tim, erinnerst du dich noch an den Tierarzt, den wir aus dem Fluss-Schlamm herauszogen? Er erzählte mir folgende interessante Geschichte über die Hühner in Tanganjika: ›Will man sie überhaupt essen und verdauen, muss man sie am Abend vorher schlachten, in Paw-Paw-Blätter einwickeln und am nächsten Tag zusammen mit einem Kieselstein in einen großen Topf mit zwei Liter Wasser tun. Dann lässt man sie kochen, und wenn der Kieselstein weich ist, weiß man, dass die Hühner auch weich sind.‹«

Timotheus lachte.

»*Kah,* sein *mpischi* (Koch) braucht hinterher Erholung. Jedenfalls sind Hühner doch noch das Beste. Ich weiß das ganz genau, bin ich doch Fachmann darin. Immerhin kann ich Hühner auf sechzehn verschiedene Weisen kochen!«

Ich musste in mich hineinlachen, als ich an seine tollen Einfälle dachte. Er pflegte »Hühner-Rind« zuzubereiten, indem er einen großen Vogel kochte und einige ausgewählte Stücke davon in eine Tunke einweichte. Um »Hühner-Hammel« herzustellen, wiederholte er die Prozedur, benutzte aber ein anderes Gebräu. Tanganjika-Koteletts machte er so: Er schnitt das herunter, was er »die Arme und Beine des Vogels« nannte, zerkleinerte die fleischigen Enden mit dem Hackmesser und streute Brotkrumen darüber. Das Ganze formte er zu einem Klumpen. Es schmeckte keineswegs nach Huhn oder etwas Ähnlichem, aber es war wenigstens eine Abwechslung.

In meiner ersten Zeit in Afrika kannte ich all die Tricks und Kniffe, die mit der Milchwirtschaft der Eingeborenen zusammenhängen, noch nicht. Da kam einmal ein kleiner Junge zu meiner Wohnung. Er trug zwei Flaschen (grün und länglich), deren Herkunft mir verdächtig schien; beide waren halb voll Milch.

»Nanu«, fragte ich verwundert, »warum sind die Flaschen nur halb voll?«

Der Kleine spuckte ärgerlich aus. »Sind die Leute in dieser Stadt nicht furchtbar geizig? Ich konnte nicht ein einziges Haus finden, wo man mir genug Wasser gab, damit ich meine Flaschen füllen konnte.«

Ein andermal kam sogar ein kleines Kind mit einer Flasche blassroter Milch.

»*Kah*«, rief ich aus, »was ist denn mit der Milch passiert? Ist sie von einer roten Kuh, oder was ist los?«

Der kleine Kerl sah mich spöttisch an. »Weißt du nicht, dass das Wasser jetzt überall diese Farbe hat?«

Die mageren, buckligen Rinder, die es in Tanganjika gibt, werden in der Einöde geboren und wachsen dort auch auf. Man melkt sie zwischen Daumen und

Zeigefinger. Die Bestleistung eines Tieres ist eine Tasse Milch pro Tag. Der einfache Stammesangehörige hat verschiedene Gewohnheiten beim Melken: Allein aufgrund des Zusehens kann es einem jeglichen Appetit auf Milch für immer verleiden.

Als die Kühe meines Kochs einmal keine Milch gaben, musste ich sie auf die alte Weise beschaffen, das heißt, ich musste sie kaufen. In dem festen Wissen, hintergangen worden zu sein, setzte ich einen Milchmesser ein. Unsere Milchleute staunten Bauklötze. Ich goss die Milch in eine Schale, hielt das Mundstück des Instrumentes hinein und ließ etwas Milch einziehen. Alle Umstehenden schauten mit größtem Interesse zu. Sorgfältig las ich ab, spritzte die Milch wieder heraus und überprüfte das erste Ergebnis. Mithilfe einer kleinen Tabelle konnte ich sofort feststellen, wie viel Wasser zugefügt worden war. Als der Betrug aufgedeckt worden war, versuchte der unglückliche Milchmann, sich hinter den Zuschauern zu verstecken, aber sie drängten ihn nach vorn.

»Du Spitzbube«, rief ich. »Jetzt weiß ich genau, dass du Wasser in die Milch gegossen hast, und zwar in jede Flasche mehr als eine Tasse.«

»*Jah*«, gab der alte Afrikaner zu, »er ist doch schlauer als unsere Medizinmänner. Seht nur, er hat Augen, die meilenweit sehen können. Es hat keinen Sinn, ihn zu täuschen.«

Daraufhin schüttelte mein Koch dem Küchenjungen feierlich die Hand und sagte:

»In diesem Haus lohnt es sich zu arbeiten, was?!«

Doch der Junge hörte gar nicht hin. Er schüttelte sich vor Lachen im Gedanken daran, wie der alte Mann seine verschmähte Milch aus der großen Schale in die enghalsigen Flaschen zurückgießen musste.

Moskitos

Mit dem lahmen Zimmermann schritt ich vorsichtig über das Dach des Männerkrankensaales.

»Verlöte dieses Loch hier, Elisa, und sorge dafür, dass das Eisenblech wieder fest aufgenagelt wird. Auch die Dachrinne miste aus.«

Der Afrikaner nickte.

»Sind die Brunnendeckel in Ordnung?«

»Ja, Buana. Nicht ein einziger Moskito kann dieses Jahr dort Eier ablegen.«

»Gut. – Bei der Rinne werde ich dir helfen.«

»Aber hast du auch wirklich Zeit dazu, Buana?«

»Ja, ja, keine Sorge.«

Der Zimmermann lächelte. »Guck mal, Buana. Hast du das schon gesehen?«

Er deutete mit dem Kinn hinüber zu der »Straße«, die sich jenseits der wasserbedeckten Ebene als kleiner Pfad durch die Kornfelder schlängelte. Von dort näherte sich etwa in zwei Meilen Entfernung eine Kolonne unserem Krankenhaus. Einer der Helfer hatte sie auch schon erblickt.

»Jetzt gibt's Arbeit, Buana.«

Als sie näher kam, entdeckte ich an der Spitze eine Tragbahre, wie sie hier üblich ist. Dahinter gingen im Gänsemarsch etwa zwanzig Männer und Frauen. Die Nachhut bildete ein interessantes Gespann: Ein kleiner Junge zerrte einen störrischen Bock an einem Strick hinter sich her, der um dessen Hinterbein geschlungen war.

Ich ließ den Zimmermann bei seinen Löt-Arbeiten und stieg hinunter, um den Zug zu begrüßen.

Einer der Männer kam auf mich zu:

»*Mbukua* (Guten Morgen!), Buana!«

»*Mbukua.*«

»*So wugono?*« (Wie hast du geschlafen?)

»*Ale so wugono guegue?*« (Und wie hast du geschlafen?)

»Gut. Wie geht's zu Hause?«

»Alles in bester Ordnung. Und wie geht's bei euch?«

»Gut. Und was esst ihr diese Woche?«

»Nur Haferbrei«, erwiderte ich. »Und ihr?«

»Auch nur Haferbrei«, war seine Antwort.

Ich war neugierig, was in der Decke war, die – als Hängematte an einen starken Ast geknüpft – von zwei kräftigen Afrikanern getragen wurde. Jedoch verbot es die Landes-Sitte, davon zu sprechen, bevor die Begrüßungs-Zeremonie beendet war.

»Was macht euer Garten?«, fragte er weiter.

»Es steht alles gut, und wie sieht es bei euch aus?«

»Danke, alles wächst und gedeiht.«

Endlich, nach weiterem Hin und Her, sagte er:

»Sieh hier, wir haben einen Kranken hergebracht.«

»Oooooh – was fehlt ihm?«

»Er hat seit zehn Tagen Fieber.«

»Und warum brachtet ihr ihn nicht früher?«

»Nun, wir waren mit ihm beim Medizinmann.«

»Ahaaaa«, war meine Antwort.

»Ging es ihm daraufhin besser?«

Nervös schaute der Mann seine Verwandten an; dann sagte er leise:

»Das Kind scheint zu sterben; daher brachten wir es zu dir.«

»Ooooh. Hat der Medizinmann euch zu mir geschickt?«

Der afrikanische Pfleger neben mir lächelte.

Den Schwarzen wurde sichtlich unbehaglich zumute.

»Macht nichts, mein Freund. Zeig uns mal das Kind, und wir wollen sehen, was wir tun können.«

Sanft setzten die Träger ihre Last ab und schlugen die Decke zurück. Die Verwandten scharten sich um uns. Vor mir lag ein kleiner Junge, acht oder neun Jahre alt, nur mit einem Lendentuch bekleidet. Er war bewusstlos und lag ganz starr; sein Körper glühte vom Fieber. In der Magengegend sah ich blaugraue Einschnitte, ebenfalls unter dem Kinn – das Werk meines »Kollegen«.

»Seht ihr's nun? Hat euer *muganga* (Zauberdoktor) ihm etwa helfen können?«

Keiner der Angehörigen sagte ein Wort. Der Pfleger hob den Jungen auf und trug ihn ins Krankenzimmer. Der junge Afrikaner, den ich den Umgang mit dem Mikroskop gelehrt hatte, brachte ein Tablett mit Objekt-Trägern, Nadeln und Farben für die Blut-Untersuchung. Er nahm den Finger des Kindes, stach hinein und ließ einen Tropfen Blut auf eines der Glasplättchen fallen. Dann lief er damit ins Labor.

Ich wandte mich der afrikanischen Schwester zu, die gerade Notizen ins Krankenbuch machte.

»42 °C Fieber. Man kann kaum seinen Puls fühlen. Ich bezweifle, dass er wieder gesund wird.«

Wir gingen hinaus zu den Verwandten.

»Er ist sehr schwer krank. Hättet ihr ihn nur früher gebracht!«

»Wird er sterben?«, fragte der aufgeregte Vater leise.

Bevor ich antworten konnte, blitzte ihn die Großmutter – eine hagere, wild aussehende Frau – an:

»Natürlich wird er sterben! Wenn unsere Ärzte nicht helfen konnten, was wollen dann erst diese Europäer mit ihren wunderlichen Medizinen und ihren komischen Behandlungsweisen ausrichten?«

Da trat die alte afrikanische Oberschwester zu ihnen heran:

»Bin ich etwa auch eine Europäerin?«, sagte sie ernst. »Kenne ich unsere Gebräuche vielleicht nicht? Meint ihr, ich wüsste nicht genau, dass die Art, wie der Buana behandelt, besser ist als unsere? Denkt ihr, ich wüsste nicht, dass seine Medizin von Nutzen ist, wo unsere nicht hilft? Seid ihr nicht allesamt hergekommen, weil euer Zauberdoktor versagt hat?«

Schweigend standen sie da; die Männer stützten sich auf ihre Speere, die Frauen kauerten an der Hauswand.

»Hört zu, Freunde«, unterbrach ich das Schweigen. »Wir verlassen uns nicht nur auf unsere Medizin. Wir sind hier, weil wir etwas von Gott wissen. Wir können mit ihm reden, und wir wissen, dass er antwortet. Ich sage es euch ganz offen: Meine Arzneien genügen nicht, um dem Jungen das Leben zu retten. Wir brauchen die Hilfe des lebendigen Gottes. Ihn wollen wir jetzt bitten, uns zu helfen.«

Die Großmutter spie aus.

»Davon will ich nichts wissen!«, rief sie und stolzierte davon.

»Buana, kümmere dich nicht um sie!«, sagte der Vater. »Sprich zu Gott!«

Ganz schlicht bat ich Gott in ihrer Sprache, mich bei der Behandlung des Kindes zu leiten und sein Leben zu retten, aber auch die Verwandten davon zu überzeugen, dass nur ein Leben für ihn, den lebendigen Gott, lebenswert sei.

Ich ging hinein, um den Bericht des Pflegers zu hören.

»Er hat schwere Malaria, Sir, und hohes Fieber dazu. Ein großer Teil seines Blutes ist von Malaria-Bazillen befallen.«

»So etwas war zu erwarten«, antwortete ich. »Ruf Daudi. Ich brauche Spritzen, Nadeln und Chinin.«

»Er ist schon hier, Buana. Ich rief ihn im Vorbeigehen.«

Der arme kleine Kerl hatte Gehirn-Malaria. Vorsichtig spritzte ich Chinin in eine Vene. Ich gab der Schwester Anweisungen. Die Mutter durfte sich auf einen Hocker neben das Bett setzen. Im Laufe des Nachmittags folgte noch eine weitere Einspritzung. Der Junge rang nach Luft. Das Fieber lag noch bei 41 °C.

Da erschien der Kopf des Küchenjungen an der Tür: »Buana, das Essen ist fertig.«

Im Augenblick konnte nichts mehr getan werden; ich ging also in meine Wohnung.

Kurz nach Mitternacht wurde ich wieder ins Krankenhaus gerufen. Als ich mich anzog, noch halb im Schlaf, fühlte ich in einem meiner Stiefel etwas, was nicht hineingehörte. Hastig zog ich mein Bein wieder aus dem langen Stiefel heraus und schüttelte einen Skorpion aus! Nachdem ich ihn »erledigt« hatte, zog ich mich an und lief hinüber zum Krankenhaus. Jenseits des Krankenhauses, in den Erdnuss-Gärten, bellte ein Schakal, und durch die Stille der Nacht drang das Schreien der Esel. Es war zwei Uhr, als ich die Entbindungs-Abteilung verließ. Der Mutter und ihren niedlichen Zwillingen ging es gut. Dann wandte ich mich, um eben nach dem kleinen Jungen zu sehen. Als ich eintrat, wollte ich meinen Augen nicht trauen: Zwei riesige Füße schauten über das untere Bett-Ende hervor – sie gehörten der Großmutter!

Ich zog sie an den Füßen:

»Heh, was machst du denn hier?«

Ein verschlafenes Gesicht erschien am anderen Ende, und eine zornige Stimme rief:

»Warum störst du mich? Man hat mich beleidigt! Dieses Kind bekommt ein Bett, und ich soll auf dem Boden schlafen!?«

»Solltest du nicht zu Hause bleiben«, erwiderte ich scharf, »und dich nicht in die Behandlung des Kindes einmischen? Du bist eine alte Frau und kennst die Stammes-Sitte nicht? Willst du gegen die Anordnungen des Doktors handeln? Du weißt doch, dass das verboten ist, was du machst!«

»Oh«, krächzte sie, »was soll ich denn tun?«

»Mach, dass du rauskommst, und zwar schnell!«, rief ich zornerfüllt.

Sie schlurfte aus dem Zimmer. Schnell hob ich den Jungen auf, den sie einfach unter das Bett auf den kalten Zementboden gelegt hatte. Er war ganz nackt. Sein Puls war in heftiger Bewegung. Ich spritzte ihm schnell ein kräftiges Anregungsmittel ein. Doch bald begann der Puls wieder auszusetzen. Eine schlaftrunkene Nachtschwester brachte zwei Wärmflaschen mit heißem Wasser. Während der noch dunklen Stunden des frühen afrikanischen Morgens kämpften wir um das Leben des Kindes. Um fünf Uhr ging es ihm entschieden besser; ich ging heim, um wenigstens noch etwas zu schlafen. Draußen sah ich, wie die Großmutter sich hinter einer Mauer duckte – sie wollte zu dem Kind zurück. Sie meinte, ihm helfen zu können, ich aber dachte anders. Fest griff ich ihr Handgelenk, und wir gingen zusammen zu ihrem Quartier. Auf dem ganzen Weg musste sie sich ein anschauliches Programm all dessen anhören, was passieren würde, wenn sie das Krankenhaus noch einmal ohne meine Erlaubnis beträte.

Mein Kopf hatte kaum das Kissen berührt, als ich wieder gerufen wurde. Ich tastete nach der Sturmlaterne, doch ich merkte, dass es bereits dämmerte.

Schwer atmend lag ein Mann auf der Veranda, der von einem Pfeil verwundet worden war. Während die Operation vorbereitet wurde, sah ich nach unserem kleinen Patienten. Sein Fieber war auf 38 °C heruntergegangen, und der Hals war nicht mehr ganz so steif. Ich ging hinüber zur Operation. Etwa um elf Uhr war sie geschafft. Es war nicht leicht gewesen, die fast acht Zentimeter lange Spitze eines Pfeils aus dem Körper des Mannes zu entfernen.

Ein nochmaliger kurzer Blick auf den kleinen Jungen überzeugte mich davon, dass es tatsächlich mit ihm bergauf ging. Ich verordnete eine weitere Spritze; dann schlich ich hundemüde zu Bett.

Bei meiner nächsten Abendvisite öffnete der Junge ein Auge und sagte:

»Buana, *nadabuku.*« (Ich habe Hunger.)

Seit Tagen die erfreulichsten Worte für mich! Zwei Tage danach lief er schon im Gelände herum. Und zwei Wochen nach seiner Einlieferung konnte ich eine riesige Abordnung begrüßen: Vater, Mutter, Onkels, Tanten – alle Verwandten und Bekannten waren gekommen. »Dürfen wir den Jungen mitnehmen?«, fragten sie. »Ja, ihr dürft«, sagte ich.

»Buana, wir sehen die Hand Gottes in seiner Gesundung. Wir wissen jetzt, dass diese neuen Methoden viel besser sind als unsere Gogo-Gebräuche. Wir möchten mehr über Jesus wissen.« In diesem Moment kam Roger mit dem Tee.

»Buana«, raunte er mir ins Ohr, »wenn sie zum Dank eine Kuh geben, darf ich sie dann kaufen? Mir fehlen nämlich noch zehn Kühe für meine Aussteuer.«

Sein Bruder lächelte: »Merkst du, wie eifrig er dir in diesen Tagen immer deinen Tee bringt, Buana? Nora, seine Verlobte, hat Fieber. Du müsstest sehen, wie sie ihm durchs Fenster des Krankenzimmers immer zulächelt!«

Roger hatte sich taktvoll außer Hörweite begeben. – Eine Stunde später saß ich vor der Tür und beobachtete meinen kleinen Patienten, wie er mit seinen Angehörigen ins heimatliche Dorf davonzog. Sie lachten und waren ausgelassen; sogar die Großmutter lächelte.

Der Kleine rannte vorneweg, um den zu Hause Wartenden um den Hals zu fallen.

»Wie ist das also«, wandte ich mich fragend an mein Küchenpersonal, »haben wir die zwei Schilling umsonst ausgegeben, indem wir dieses junge Leben retteten?«

Der Küchenjunge blickte von seiner Arbeit auf.

»Ist nicht ein Kind den Preis für eine magere Ziege wert, Buana?«

Von den Eiern und von Roger

Das Ei kam wieder an die Oberfläche.[5]

»Hmmm«, ließ sich der Koch vernehmen.

Der kleine Junge, der die Eier verkaufte, nahm noch ein halbes Dutzend aus seiner Kürbis-Schale. Roger legte sie der Reihe nach in eine Schüssel mit Wasser. Wieder tauchte eines an der Oberfläche auf. Der Kleine grinste: »Unsere Henne saß eine ganze Woche lang auf den Eiern. Ich wunderte mich schon darüber.«

»Hmmm«, sagte der Koch wieder. »Ich wundere mich gar nicht.«

Ich kam gerade dazu und sah den Spaß mit an. Sorgfältig zählte der Koch die kleinen runden Münzen mit dem Loch in der Mitte ab und bezahlte die guten Eier. Der kleine Kerl hatte jedoch keine Taschen; daher zog er die Münzen auf eine Schnur aus Kuhhaut und hängte sie sich um den Hals.

»Wo haben die Hühner die Eier gelegt, Tschikoti?«, fragte ich.

»In unserer Hütte, unter der Getreidekiste, gleich neben meinem Bett.«

»Wo ist eure Hütte?« Er wies mit dem Kinn die Richtung:

»Dort drüben, jenseits des Dornbusch-Dschungels, wo vorige Woche der Löwe die Kuh getötet hat.«

---

5 Anmerkung des Herausgebers: Hier geht es um eine vielfach angewandte Methode, mittels derer man prüfen kann, wie die entsprechenden Eier beschaffen sind. Schwimmen sie an der Oberfläche, sind sie verdorben.

»Was ist es denn für ein Haus?«

»Oh, es ist ganz aus Lehm, Buana; es hat ein Lehmdach, Lehmwände, einen Lehmboden, und die Fenster sind kleine Löcher, durch die man kaum die Hand stecken kann. Die stopfen wir fast immer mit alten Lumpen zu, damit die Schlangen nicht hereinkommen können.«

»*Kah*, ich hasse Schlangen!«

»Ich auch. Buana, es ist furchtbar, wenn du auf einer Kuhhaut schlafen musst. Immer auf der Erde zu liegen, ist grässlich! Wenn ich größer bin, werde ich meine eigene Matte haben, und wenn die Decke meines Vaters abgenutzt ist, reißt er sie entzwei; und dann, Buana, bekommt mein großer Bruder das große Stück und ich das kleine. Wir werden uns den Kopf zudecken und wie erwachsene Leute schlafen.«

Der Koch lächelte über den Jungen hinweg zu mir herüber.

Tschikoti fuhr fort:

»In diesen billigen Lehmhütten lebt etwas, das ist noch gefährlicher als Löwen oder Paviane, ja, noch schlimmer als das menschenfressende Krokodil, Buana. Es ist nicht sehr groß, tagsüber versteckt es sich, aber nachts kommt es heraus und beißt. Wir Afrikaner nennen es *dudu*. Ich glaube, ihr nennt es Moskito, Buana.«

»Ganz recht, Tschikoti, die Moskitos schleppen Malaria mit sich herum. Du weißt doch, dass Moskitos weit mehr Menschen umbringen als Löwen und Leoparden.«

»In unserem Stamm wissen viele über diese Dinge fast gar nichts. Riesige spitze Zäune gegen die wilden

Tiere, die bauen sie, aber um die Moskitos kümmern sie sich nicht. Du müsstest mal eine Familie sehen, wenn sie in ihrer Lehmhütte liegt. Die Erwachsenen wickeln sich in Decken ein, auch den Kopf, aber die Füße sehen heraus; sie meinen, die Moskitos könnten an diesem Körper-Ende weniger Schaden anrichten. Und die kleinen Kinder erst! Sie tragen nichts weiter als eine Perlenkette um den Hals und kleine Schellen an den Knöcheln. Das soll sie warm halten! Da kannst du dir vorstellen, was die Moskitos nachts für einen Schmaus halten!«

In diesem Augenblick kam Daudi, mein »Assistent«.

»Bitte eine große Packung Watte, Buana. Wir brauchen eine Menge für die Leute mit den Geschwüren.«

Ich ging zum Lager und holte sie. Als ich zurückkam, stritten sich Daudi und sein kleiner Bruder, unser neuer Küchenjunge. Daudi nahm mir geschickt die Watte ab und deutete mit dem Kinn auf Roger.

»Der glaubt, er wüsste mehr über Malaria-Fieber als ein alter, erfahrener Krankenhaushelfer!«

»Allerdings weiß ich mehr als du. Habe ich nicht mehr als einmal mit Fieber im Bett gelegen, und bin ich nicht beinahe daran gestorben? Weißt du es nicht mehr, wie der Buana mich voll Nadeln steckte und mit seinem bitteren Chinin mein Leben rettete?«

»Wie war das noch, Roger?«, fragte ich. »Erzähl mal!«

»Es war nach der Regenzeit, Buana. Überall wimmelte es von Moskitos. Sie hatten mich furchtbar gebissen; aber drei, vier Tage lang fühlte ich mich trotzdem noch quicklebendig. Doch dann fingen die Schmerzen an. Alles tat mir weh – der Kopf, der Hals, die Brust, der Rücken, mein Bauch, die Beine … Ich konnte nur noch wie ein Häuflein Elend im Sonnenschein sitzen.

›Och‹, sagte mein Vater, ›du hast Fieber, weiter nichts.‹

Nicht mal ein Aspirin hatte ich gegen die Kopfschmerzen. Da saß ich nun, in eine Decke gewickelt, in der glühend heißen Sonne. Dann bekam ich Schüttelfrost, und wie! Hättest du bei mir Fieber gemessen, dann hätte das Thermometer 45 °C angezeigt. Doch dann hörte das Frieren plötzlich auf, und ich begann schrecklich zu schwitzen, oooh, *uch!*«

»*Kah*«, rief Daudi dazwischen, »du hast nur so getan, als seiest du krank!«

Roger beachtete ihn gar nicht und fuhr fort: »Ich schleppte mich in eine dunkle Ecke unseres Lehmhauses, wickelte mich in meine Kuhhaut ein und versuchte, mich in der schwülen und stickigen Luft des Hauses kühl zu halten. Meine Mutter kochte gerade das Mittagessen. Der Rauch konnte nicht abziehen, und ich musste dauernd husten.

Unsere Kühe sind ebenfalls in der Hütte untergebracht, und im Dunkeln stolperten sie über mich. Die Ziegen konnte ich zwar nicht sehen, aber meine Nase verriet mir, wo sie waren. Die Schmerzen im Nacken nahmen zu, und die ganze Zeit kratzte ich wie wild, denn eine Menge Insekten spazierten auf mir herum. Es war einfach furchtbar.

So geht es uns hier in Afrika, wenn keine Missionsärzte da sind. – Noch zwei Tage lag ich so da, Buana, und es wurde immer schlimmer.«

»*Huh*«, unterbrach ihn Daudi wieder, »schlimm für dich und schlimm für mich. Ich musste dich ins Krankenhaus schleppen. Du warst ganz schön schwer!«

»*Huh*, und schlimm für mich«, scherzte ich. »Ich erinnere mich. Ich schlief und träumte gerade, ich äße Eis, was ich seit Jahren nicht mehr getan habe, als ich plötzlich Stimmen hörte:

›*Hodi*, Buana, *hodi*? Wach auf, wach auf!‹

Ich fuhr hoch.

›Was gibt's?‹

›Ein Schwerkranker ist gerade eingeliefert worden!‹

Ich ging hinüber zum Krankenhaus. Als ich den schmalen Pfad entlanglief, gähnte ich noch. Doch dann war ich plötzlich ganz wach. Ich merkte, dass irgendetwas hinter mir war. Meine Haare standen mir zu Berge. Mit einem Ruck schwang ich die Laterne hinter mich. Kaum zehn Meter von mir entfernt, sah ich die weißen Zähne eines Tieres, das hinter mir herschlich. Es war etwa so groß wie ein Schäferhund. Ich packte meinen Stock fester und ging auf das Tier zu; da stieß es ein Geheul aus. Nun sprang ich in die Höhe, um es zu verscheuchen. Doch das Geheul sagte mir, dass ich eine Hyäne vor mir hatte, und Hyänen tun einem nichts, solange man nicht hinfällt, was ich nicht gerade vorhatte.

Und dann entdeckte ich, dass du mein Patient warst, Roger. Nur sahst du anders aus als jetzt: In deinen Haaren klebte Schlamm, und an deinen Armen befanden sich Zaubermittel.«

»Ja, Buana, so war's. In jenen Tagen kannte ich Jesus

Christus noch nicht; damals hatte ich ihm mein Leben noch nicht übergeben, ja, ich wusste nicht einmal, dass ich einen Heiland brauchte.«

»Jedenfalls packten wir dich ins Bett, Roger. Stimmt's, Daudi? Und dann untersuchten wir das Blut.«

»Buana, ich wollte schon immer mal fragen: Was habt ihr durch das Mikroskop gesehen?«

»Wir sahen Teilchen, die wie die hellroten Blütenblätter des Pfirsichs aussahen. Das waren die Blutzellen. In der Mitte hatten sie kleine, feine Dinger, die an purpurne Siegelringe erinnerten. Daran erkannten wir, dass du eine schwere Malaria hattest.«

»Buana, ich weiß noch, dass wir ihm viele Spritzen gaben und dass er eine Menge Tabletten schlucken musste«, fügte Daudi hinzu.

»Uch«, schüttelte sich Roger, »und wie ich mich freute, als mein Hals nicht mehr steif war!«

»Aber meinst du, dass er die zehn Schilling wirklich wert war, die wir ausgaben, um ihn zu heilen, Buana?«

Ehe ich mich versah, sauste ein Holzscheit durch die Luft, das für Daudi bestimmt war; doch dieser duckte sich rechtzeitig.

Augenleiden

»Ich will nicht! Ich will doch nicht! *Jaja gwe!* (Oh, Mama!) Ich will nicht mitgehen. *Jaja gwe!*«

Aber der baumlange Afrikaner störte sich weder an dem Sträuben des kleinen Jungen, den er an der einen Hand gefasst hatte und daherschleifte, noch an dem Meckern des ziemlich mageren Bockes, den er mit der anderen Hand hinter sich herzerrte. Der kleine Knirps jammerte fortwährend.

»Hodu, njamale!« (Jetzt ist's aber genug! Sei still!), herrschte ihn sein Vater an.

Der Kleine sah hilflos umher. Seine Augen waren rot und geschwollen, und auf seinem tränenüberströmten Gesicht krabbelten ungestört die Fliegen.

»Vati, ich will nicht zu dem Zauberdoktor; hat seine Medizin nicht meinen Freunden Masengo und Mabawa die Augen zerstört?« Mit aller Kraft versuchte der kleine Bursche, sich frei zu machen. Aber der Vater hielt ihn fest. So schritten sie weiter, Meile für Meile über ausgedörrtes Land. Nachdem sie eine Ebene mit niederen Dornbüschen durchquert hatten, kamen sie in ein Dorf, dessen Lehmhütten unter einer Baobab-Gruppe dicht zusammengedrängt standen. Bei der größten Hütte machten sie halt. Nach einer umständlichen Begrüßungs-Szene brachte der Vater dem Medizinmann sein Anliegen vor. Letzterer saß, in schmutziges Tuch gehüllt, auf einem dreibeinigen Hocker unter einem großen Dornstrauch. Um seine Arme hingen

Riemen aus Kuhhaut mit Zaubermitteln. Seine durchbohrten Ohrläppchen waren stark geweitet; sie reichten halbwegs bis zu den Schultern hinab. Mit Leichtigkeit hätte man die Faust durch ihre Löcher stecken können, in denen eine Unmenge Schmuck aus Messing und Eisen hing. Er war weit mehr an dem Ziegenbock als an dem Patienten interessiert. Nachdem er sich vergewissert hatte, dass der Bock fett genug war, grunzte er befriedigt, ging ins Haus und kam mit einer Axt über der Schulter wieder heraus. Dann stolzierte er in den Wald. Dort machte er halt, sah sich verstohlen um und schlug etwas Rinde von einem Baum. Dann schnitt er sie in kleine Stücke und kaute diese. Anschließend ging er ein wenig weiter, erklomm einen niedrigen Felsen und machte in einen Kaktus einen tiefen Einschnitt. Mit seinen schmutzigen Händen fing er etwas von dem auslaufenden Saft auf und fügte ihn dem Brei, den er kaute, hinzu. Schließlich rupfte er von einem Baum drei Blätter ab, die wie Fähnchen aussahen, zerrieb sie in den Händen, tat sie zu der breiigen Masse in seinem Mund und zerkaute sie mit all dem anderen Zeug; dabei bewegten sich seine mächtigen Kinnbacken wie die einer Kuh.

»Buana«, sagte Daudi, der mir diese Geschichte erzählte, »du kennst ja die Gebisse von Zauberdoktoren. Weißt du noch, wie du dem alten Lengholo die Zähne zogst? Da hattest du eine Maske übergezogen und dazu die dicksten Handschuhe, die du finden konntest!«

»*Uch* …«, ich schauderte. »Das vergesse ich nie!«

»*Hodi?*«, fragte jemand an der Tür.

»*Karibu*«, sagte Daudi.

Stotternd vor Aufregung und mit schmerzverzerrtem Gesicht kam Roger herein.

»Ich dachte, der Topf sei leer gewesen, dabei war er halb voll kochenden Wassers. Ausgerechnet den habe ich mir auf den Fuß gegossen!«

Daudi tat etwas Pikrinsäure in eine Schale und bestrich damit die verbrannte Stelle. Dann warf er Roger eine Binde zu.

»Da, verbinde es dir selbst, du bist beim Buana Küchenjunge und müsstest nun langsam wissen, wie man so etwas macht.«

Er trat an die Tür und zeigte hinaus.

»*Kah*, Buana, sieh mal!«

Unserem Haus näherte sich ein junger Mann, den ein kleiner Junge an der Hand führte. Als sie näher herangekommen waren, erkannte ich, dass der Mann stockblind war.

»*Mbukua*, Paulo«, begrüßte Daudi ihn.

»*Mbukua*, Daudi«, erwiderte er den Gruß.

»*So wugono?*« (Wie hast du geschlafen?)

»*Ale so wugono.*«

»Gut. Gerade war ich dabei, dem Buana deine Geschichte zu erzählen, Paulo. Ich war bis dahin gekommen, wo der Zauberdoktor im Wald all den Kram zerkaute.«

Der Blinde tastete sich an einen Stuhl heran und setzte die Geschichte selbst fort:

»Das kann ich nicht vergessen«, rief er erregt, »war das nicht das Letzte, was ich sah, bevor diese grässliche Dunkelheit sich über mich senkte?« Er hielt inne.

»Ich sehe noch diesen alten Teufel mit seiner Axt vor mir; den Mund hatte er zum Platzen voll, als er zu meinem Vater und mir zurückkam. Er ließ sich wieder auf seinen Hocker nieder, packte meinen Kopf und klemmte ihn zwischen seine Knie. Dann zog er meine Augenlider hoch und spuckte mir den ganzen Inhalt seines Mundes in die Augen. Ich drehte meinen Kopf zur Seite und biss ihn. Er verlor das Gleichgewicht und fiel hintenüber. Ich lief, so schnell ich konnte, den Weg zurück. Nie im Leben habe ich solche Schmerzen gehabt wie in diesen Stunden, als ich durch den Busch rannte. Zuerst sah ich noch dunkle Flecken, dann nur noch einen Schimmer. Plötzlich stolperte ich und fiel hin. – Seitdem ist es um mich finster. Meine Augen waren dahin! Ausgelöscht – für immer!«

Mit der Hand suchte er den Tisch, wo eine Flasche mit Augentropfen stand.

»Und wenn ich mir überlege, Buana, dass so ein bisschen Augenarznei … was kostet so ein Fläschchen …?«

»Nun, ungefähr einen halben Schilling«, sagte ich.

»Wenn ich bedenke, dass so ein Fläschchen mir das Augenlicht hätte erhalten können!« Er seufzte. »Und so muss ich an der Hand geführt werden und bin blind – blind!«

Niedergeschlagen saß er da, seinen Kopf in den Händen vergraben. Vor ihm stand das Fläschchen mit den Augentropfen, die zwar anderen, aber nicht mehr ihm helfen konnten.

Ich bat Roger, Paulo in der Küche Tee zu geben und ihn später wieder herzubringen. »*Hewa*, Buana!« (Jawohl, Sir!), war seine Antwort.

Auf dem Weg hinüber zum Krankenhaus kam mir Ernest, der Assistent der Poliklinik, entgegen:

»Buana, im Augenbehandlungszimmer warten mehrere Leute auf dich.«

»Was fehlt ihnen, Ernest?«

»Einer von ihnen hat ein Augengeschwür. Ein anderer sitzt mit total zerstörten Augen da, und bei einem kleinen Kerl sind die Augen stark geschwollen. Er hat schreckliche Angst.«

Wir traten ein. In einer Ecke kauerte ein kleiner Junge von vielleicht acht Jahren. Er jammerte: »Oh, Mama, oh, Mama! Dass er mich bloß nicht anfasst!«

Ich setzte mich an meinen Tisch und fragte:

»Na, mein Freund, was ist denn los?«

Er sah mich erstaunt an.

»Du, ein Europäer, sprichst unsere Sprache?«

»Ja, ich spreche eure Sprache«, sagte ich, »und ich will dir helfen. Wo brennt's denn?«

»Ich will keine Medizin. Die beißt!«

Ich lächelte. »Sieh mal, was ich hier habe.«

Ängstlich schaute er die Flasche mit Tropfen an, die ich in der Hand hielt.

»Mit dieser Medizin werden deine Augen in fünf Tagen besser sein. Dann kannst du wieder mit deinen Kameraden spielen und hast keine Schmerzen mehr.«

»Oh ja, ja!«, rief er. »Die *waganga* (Medizinmänner) sind alle miteinander Lügner!«

Alle Anwesenden lachten.

»Also gut«, sagte ich, »damit ihr seht, dass die Medizin nicht wehtut, werde ich sie zuerst in meine eigenen Augen tun.«

»*Kah*«, riefen sie alle, »habt ihr schon einmal gehört, dass ein Medizinmann seine Arznei an sich selbst ausprobiert!?«

»Buana«, sagte der Kleine, »wenn du dir die Medizin in die Augen tust und du nicht zu schreien anfängst, dann darfst du sie auch mir in die Augen träufeln!«

Wieder lachten alle.

»Ernest, jetzt bin ich dein Patient.«

Ich setzte mich neben den Jungen. Der Gehilfe bewaffnete sich mit Tropfen und etwas Watte, schob meine Augenlider zurück und träufelte in jedes Auge zwei Tropfen.

»Tut's weh, Buana? Sticht es?«

»Noch nicht«, war meine Antwort.

»Ja ... ich warte lieber noch ein bisschen, um zu sehen, was passiert.«

»Gut«, sagte ich; dann schrieb ich seinen Namen ins Krankenbuch. Der Gehilfe wandte sich an die wartenden Patienten:

»Mit dieser Arznei haben wir in der trockenen Jahreszeit dreihundert Kindern das Augenlicht gerettet!«

Jetzt kam der Kleine zu mir herüber; er legte seine Hand in meine und sagte:

»Jetzt bin ich bereit, Buana. Ich habe Vertrauen zu dir, aber du sollst mir die Tropfen einträufeln.«

Mit Augenwasser spülte ich seine Augen aus und gab ihm die Tropfen ein. Er kniff die Augen fest zu.

»Ja, tatsächlich, es tut nicht mehr weh als unser salziges Brunnenwasser.«

Er blinzelte mich an. Nach einigem Zögern platzte es plötzlich aus ihm heraus:

»Buana, kann ich so einen grünen Augenschirm haben? Der grelle Sonnenschein tut meinen Augen so weh.«

»Hier hast du einen, mein Junge. Heute Nachmittag kommst du wieder und auch in den nächsten Tagen, eine ganze Woche lang.«

Vertrauensvoll lächelte er zu mir auf. »Ja, ich komme.«

Als ich die Behandlung in meinem Buch notierte, musste ich an zwanzig stockblinde junge Leute denken, die ich in einem Dorf gesehen hatte – nur vier Stunden Fußmarsch vom Krankenhaus entfernt. Ihre leeren Augenhöhlen bezeugten die traurige Tatsache, dass sie durch den Medizinmann »behandelt« worden waren. Man hätte nur Augentropfen im Wert von etwa zwölf Schilling gebraucht – und ihrer aller Augen wären erhalten geblieben. In Tanganjika kann ein Arzt bei erstaunlich geringem Geldaufwand einem ungeheuer großen Leid und vielen Schmerzen abhelfen.

Der Gehilfe hatte eine kleinere Operation vorbereitet. Ich wusch mir gründlich die Hände und zog den Kittel über. Der Mann hatte bereits schmerzlindernde Tropfen in die Augen bekommen. Mein Assistent stand neben mir; er hielt ein Tablett mit angespitzten Holzstäbchen und drei Flaschen. Ich träufelte dem Patienten etwas in das Auge, und sofort zeigte mir ein heller Fleck die eigentliche Mitte des Auges. Ein Geschwür fraß sich dort tief hinein.

»Halt ganz still, mein Freund; wenn du dich nicht bewegst, hast du keine Schmerzen.«

»Ja, Buana«, hauchte er durch die zusammengepressten Zähne.

Ich tauchte ein Hölzchen in reines Karbol und fuhr damit vorsichtig über das Geschwür, wobei ich mir die größte Mühe gab, jede Stelle dieser scheußlichen grünen Masse zu berühren. Es war eine heikle Angelegenheit. Wäre ich nur einen Viertelmillimeter zu weit gegangen, hätte mein Patient mit diesem Auge nichts mehr sehen können. Andererseits wäre die Behandlung wirkungslos geblieben, wenn ich nicht alles betupft hätte. Doch ich sah, dass so weit alles in Ordnung war. Nun träufelte ich noch dunkelfarbige Tropfen in jedes Auge. Mein Gehilfe legte Watte und Mullbinden bereit und gab dem Patienten zwölf Tabletten Aspirin, die sich dieser im Gewand befestigte.

»Hör zu«, sagte mein afrikanischer Assistent. »Nimm morgens, mittags und abends zwei Stück. Sei aber nicht so dumm und schluck sie alle auf einmal. Der Wasserträger aus dem Nachbardorf, der machte es so ähnlich. Er trank neulich eine ganze Flasche Medizin in einem Zuge leer, um schneller gesund zu werden. Stattdessen hätte er sich dabei beinahe vergiftet.«

Alle lachten schallend los.

»Woher hast du dein Geschwür?«, fragte ich den zweiten Patienten, den ich gerade behandelt hatte.

»Oh, Buana, ich ging im Dunkeln durch den Wald – drüben, jenseits des dritten Flusses, wo die Dornbüsche so dicht stehen. Als ich eine Hyäne hinter mir hörte, rannte ich durch das Dickicht. Da drang der Dorn eines überhängenden Zweiges durch das Lid in mein Auge. Mein Bruder behandelte mich, indem er das Auge beleckte.«

»*Kah* …«, rief der Gehilfe, »kein Wunder, dass du ein Geschwür bekamst!«

»Aber woher sollte ich wissen, dass es falsch war? Das ist bei uns so üblich. Wir lebten alle in Angst vor Augenkrankheiten, solange das Krankenhaus noch nicht hier war.«

Das traurigste Geschäft des Tages bestand darin, dem Blinden, der fünfzig Meilen an der Hand hergeführt worden war, sagen zu müssen, dass ich nichts für ihn tun konnte. Er war der dritte Patient. Seine Augen waren durch Eingeborenen-Medizin völlig zerstört worden.

»Kannst du mir gar nicht helfen, Buana? Kannst du es mit deinen Arzneien nicht wenigstens einmal versuchen? Du machst dir keine Vorstellung, was es heißt, in ständiger Finsternis zu leben. Versuch's doch mal!«

Der Oberpfleger kam dazu.

»Hör zu, mein Lieber. Wenn einer den Arm verloren hat, wächst der wieder neu?«

»Nein«, antwortete der Blinde, »unmöglich.«

»Und wenn er seine Augen zerstört hat, kann er dann neue bekommen?«

»Wohl nicht.«

Paulo war hereingekommen. Er hatte unser Gespräch gehört und tastete sich zu dem Blinden.

»Ich bin ebenfalls blind. Ich leide genauso wie du. Für mich ist es auch ständig Nacht wie für dich.«

Der blinde Patient schüttelte den Kopf. Er war vom Schmerz gepackt.

»Ich hatte so sehr gehofft! Drei Tage lang bin ich gelaufen und gelaufen – ich habe so sehr gehofft –, aber selbst der Buana kann mir nicht helfen.«

Seine Stimme verklang.

Paulo hatte ihm seinen Arm um die Schulter gelegt und erzählte ihm liebevoll, dass es noch ein Licht für die Seele gibt.

Zoo ohne Zaun

»Guten Morgen, Doktor«, begrüßte mich der indische Schaffner, der einen kleinen schwarzen Bart trug, »besuchen Sie Ihre Krankenhäuser?«

»Ja, ich bin auf dem Wege nach Saranda, und danach will ich zum Krankenhaus von Kilimatinde. – Was ist bloß mit dem alten Zug heute los? So langsam ist er ja noch nie gekrochen.«

»Leider muss ich Ihnen sagen, dass dies an dem feuchten Holz liegt, womit die Lokomotive geheizt wird«, sagte der lange Inder. »Aber immerhin haben wir nur drei Stunden Verspätung.«

Das war nichts Ungewöhnliches; daher dachte ich befriedigt: ›Jedenfalls wirst du gerade noch rechtzeitig zum Mittagessen ins Krankenhaus kommen.‹

Der Tanganjika-Express wand sich langsam durch die Ebene. Einige blauweiß gesprenkelte Perlhühner, die neben dem Bahndamm Futter suchten, zogen sich kreischend in das Dorngebüsch zurück. Ein halbes Dutzend großer Paviane schwang sich lärmend durchs Unterholz. Es war drückend heiß; kein Hauch war zu spüren. Der Zug fuhr noch langsamer, er musste den großen »Rift Wall«[6] überwinden; bei diesem Tempo hätte man bequem nebenhergehen können. Ein baum-

---

6 Anmerkung des Herausgebers: Damit ist jener Höhenzug gemeint, der sich im heutigen Tansania (im Wesentlichen mit dem damaligen Tanganjika identisch) in Nord-Süd-Richtung erstreckt. Während östlich davon das Land zur Küste hin abfällt, dehnt sich westlich davon ein großes Hochplateau aus.

langer Afrikaner, der eine Herde buckligen Viehs hütete, lehnte sich auf seinen Stock und schaute uns nach.

Endlich hielt der Zug auf meiner Station. Der afrikanische Bahnhofsvorsteher lief geschäftig umher und schwang einige bunte Fähnchen. Der Schaffner beorderte Gepäckträger. Ich reichte mein Gepäck durchs Fenster hinaus und gab es einem großen Araber, der mit seinem Fes auf dem Kopf eine imposante Erscheinung bot.

Ich grüßte ihn auf Kisuaheli.

»*Jambo* (Guten Tag!), Abdul. *Habari jako?*« (Na, was gibt's Neues?)

»*Msuri* (Nur Gutes!), Buana.«

»Abdul, kannst du mich zum Krankenhaus in Kilimatinde bringen? Ich habe meinen Küchenjungen auch bei mir.«

»Ja, Buana. Ich muss ebenfalls dorthin. Ich nehme euch beide mit, wenn ihr mit meinem Lastwagen vorliebnehmen wollt.«

Hinter dem weiß gestrichenen Bahnhofsgebäude wartete ein Auto aus Urgroßvaters Zeiten auf uns. Ich betrachtete es und musste lachen. Was für ein Fahrzeug!

Ich kletterte hinein. Die Kotflügel waren bereits vor Jahrzehnten abgefallen, und die Windschutzscheibe war schon zwei Jahre zuvor gesprungen, wenn ich dem verschmitzt lächelnden Burschen mit dem kohlschwarzen Gesicht glauben konnte, der gerade mithilfe einer verrosteten Ölbüchse den Kühler füllte.

Abdul lud hinten einige Benzinbehälter auf, dazu

eine Rolle Kattun, zwei Säcke Erdnüsse und einen Packen Baumwolldecken. Roger machte es sich zwischen dieser Ladung bequem, bevor es mit Gewackel und Gequietsche die schnurgerade »Straße« entlang ging, die man durch den fast undurchdringlichen Dschungel gehauen hatte. Der Dornbusch wuchs in Mengen dicht neben der Wegspur. Die Vögel flogen, heiser kreischend, über den höheren Bäumen, die das Dornengewirr überragten. Hier und da sah man Fährten von Elefanten, die sich den Weg durchs Unterholz gebrochen hatten. Gelegentlich kamen wir auch an tiefe, schmale Bäche.

Es war eine wilde Gegend.

»Ich habe mein Gewehr bei mir, Buana. Auf diesem Weg wimmelt es von Tieren, und man weiß nie, was einem hinter dem nächsten Hügel begegnet.«

»Ja, ich denke noch an das letzte Mal, als ich hier entlanglaufen musste, weil dein Auto einen Achsenbruch hatte. Am späten Nachmittag kamen wir hier vorbei, und ich ahnte schon, dass ich hinter der nächsten Anhöhe auf etwas treffen würde – und tatsächlich: Ein Tier rumorte im Gebüsch. Ich hielt an; die Zweige knackten – und heraus trat ein Warzenschwein mit Anhang: sechs kleine Ferkel. Sie glotzten mich an, grunzten und verschwanden wieder im Dschungel, woher sie gekommen waren.«

Abdul lachte.

Wir näherten uns gerade der Höhe eines Hügels. Sein Lachen blieb ihm in der Kehle stecken, als wir oben waren.

»Ooooh«, kam es von hinten, wo Roger saß.

Abduls Hand fuhr an die Bremse. Ich fühlte etwas im Hals, was ich schlucken wollte und doch nicht konnte. Denn was dort mitten auf dem Weg auf uns zukam, war ein furchterregender, schwarzmähniger – Löwe!

Abdul griff nach dem Gewehr.

»*Jah*«, vernahm ich Rogers erschrockene Stimme hinter mir. »Mein Blut ist wie Wasser!«

Abdul schielte durch das Visier seiner Büchse. Er konnte versuchen, ins Auge des Löwen zu schießen. Das war allerdings schwierig und gefährlich. Wollte er ihn stattdessen ins Herz treffen, hätte sich der Löwe schon bequemen müssen, sich ein wenig nach links zu wenden. Er kam immer näher – langsam, aber stetig. Ich presste mich mit aller Macht in meinen Sitz und fühlte mich nicht gerade ermutigt, als ich Abduls Hand mitsamt dem Gewehr zittern sah. Die Afrikaner saßen hinten zusammengekauert zwischen dem Gepäck. Plötzlich stand der Löwe still; dann machte er kehrt, wobei er dem Araber die Seite zuwandte. Dieser drückte ab. Der Schall war noch nicht verklungen, da drehte der Löwe auch schon den Kopf zu uns um und – kam auf das Auto zu. Abdul versuchte verzweifelt, die leere Patronenhülse herauszuholen – sie stak fest. Da sah ich, wie die Beine des Löwen anfingen zu zittern, und fünfzehn Meter von uns entfernt brach er zusammen.

»Puh«, meinte Abdul, »das war nicht gerade angenehm.«

In der Zwischenzeit war Rogers Wasser wieder zu Blut geworden, und ich hatte »das, was mir im Hals stecken geblieben war«, geschluckt. Wagemutig stiegen wir aus unserer baufälligen Karre und betrachteten das

Tier. Ein kleiner Afrikaner zog ihn sogar am Schwanz. Wir standen um den Kadaver des Löwen herum; jeder wollte natürlich am besten wissen, was er wog und wie groß er war – da sah ich Roger über meine Schulter hinweg auf einen Punkt starren.

»Was ist los?«, rief ich.

»*Uch* ... Sieh da! ...«

Etwas weiter unten trat eben das Weibchen des Löwen aus dem Wald hervor, eine riesige Löwin! In aller Eile verschwanden wir wieder in unserem Lastwagen!

»Ich könnte keine zwei an einem Tag schießen«, stotterte der Araber, als er schnell den Gang einschaltete, »nee, das brächte ich nicht fertig!«

Selten bin ich weiter und schneller rückwärtsgefahren!

Als wir wieder anhielten, redeten wir zwanzig Minuten lang nur über Löwen. Dann wagten wir einen schüchternen Vorstoß über die Hügelspitze. Als kein Feind in Sicht war, fuhren wir endlich zum Krankenhaus der CMS[7]. Ich war innerlich noch ganz mit meinem Löwen-Erlebnis beschäftigt und hätte jedem davon erzählen können, doch leider gab es keine Gelegenheit dazu.

Vor den Ruinen eines alten deutschen Forts wurde ich von der australischen Oberschwester empfangen.

»Oh, Doktor, ich bin so froh, dass Sie da sind. Sie kommen gerade zur rechten Zeit. Eben wurde ein klei-

---

7 Anmerkung des Herausgebers: CMS ist die Abkürzung für »Church Missionary Society«. So hieß die Missionsgesellschaft, für die Dr. White arbeitete.

ner Junge vierzig Meilen weit hergebracht. Er hat eine Pfeilwunde im Auge.«

Ich stürzte eine Tasse Tee hinunter und ging ins Operationszimmer. Es war eine verzwickte Angelegenheit, aber eine halbe Stunde später lag der kleine Bursche in einem Kinderbett unter einer schönen Steppdecke, die Missionsfreunde in Australien angefertigt hatten. Ich hoffte zuversichtlich, dass wir sein Auge retten konnten. Ich schauderte bei dem Gedanken daran, was alles hätte passieren können, wenn wir nicht zuvor das Vertrauen der Familie gewonnen hätten. Einem Medizinmann kann man schon allerlei Scheußlichkeiten zutrauen.

Jemand berührte meinen Arm.

»Doktor, würdest du mal mitkommen, um dir einen kleinen Jungen anzusehen?«, bat mich eine afrikanische Schwester. »Eine Hyäne hat ihn in den Kopf gebissen. Wir nähten alles wieder zu und nahmen antiseptische Mittel zu Hilfe. Als er vor zwei Wochen eingeliefert wurde, dachten wir, er sei skalpiert worden, aber er sieht schon viel besser aus.«

Sie schauderte – und das will bei einer Afrikanerin schon etwas heißen.

Der Junge saß vergnügt im Bett, den Kopf fast ganz umwickelt.

»Na, mein Freund«, sagte sie, »du wärest also beinahe das Frühstück einer Hyäne geworden?«

Er lachte und wandte sich mir zu. »Beinahe, Buana. Aber mein Vater hörte mich schreien. Er sprang herzu, riss einen Stock aus dem Feuer und schlug die Hyäne damit.«

Die Schwester nahm die Binden ab, und ich besah mir die grässlichen Wunden auf seinem Hinterkopf. Seine Mutter erhob sich von dem kleinen Hocker neben dem Bett.

»Buana, ich dachte schon, er müsste sterben.«

»Das war auch mehr als wahrscheinlich«, antwortete ich, »wenn die Schwester nicht das Richtige getan hätte, und zwar schnell.«

»Es ist die Güte Gottes«, sagte die Schwester.

»Ja, da hast du recht. Ihm wollen wir dafür danken.«

Wir knieten an dem kleinen Bett nieder und dankten Gott in schlichter Weise, dass er uns geholfen hatte, das Leben des Jungen zu retten. Zugleich baten wir darum, dass er es auch später in seinem Dienst gebrauchen möge.

Die Verwandten schenkten mir ein sehnig aussehendes Huhn, das ich mit einer gebührenden Dankes-Zeremonie entgegennahm. Als ich, mit dem Huhn unter dem Arm, zum Wohnhaus hinunterging, erzählte ich der australischen Schwester von den Löwen.

»Was für ein Land«, sagte sie. »Nie weiß man, was einem als Nächstes begegnet.«

»Ja, so ist es«, bestätigte ich. Ich hatte auch allen Grund dazu, denn als wir ins Haus kamen, war es von schwarzen Ameisen besetzt. Es dauerte fünf Stunden, bis wir den Speiseraum von ihnen befreit hatten! – Das ist Tanganjika! –

Aber all das umfasste nur einen kleinen Teil der »Tier-Erlebnisse«, die ich in dieser Zeit hatte.

Eine Woche später befand ich mich wieder im Hauptkrankenhaus, hundert Meilen entfernt. Es war Sonntagmorgen. Die Trommeln riefen zur Kirche. Ich erhoffte mir einen wirklichen Ruhetag. Eine sehr geschäftige Woche lag hinter uns – mit Reisen, Reifenpannen, Operationen im Busch, Feststecken im Fluss-Schlamm und Kampieren im Dschungel. Mein Koch, stets ein Optimist, hatte mir eine Gelatine-Speise zubereitet.

»Wie lässt du das Ding eigentlich steif werden, Tim?«, fragte ich.

»Ich fürchte immer, Buana, dass du es eines Tages trinken musst«, sagte er. »Vielleicht wird es heute kühl werden.«

»So? Hast du hier schon einmal einen kühlen Tag erlebt?«

»Nein, Buana, aber ich lebe erst seit dreißig Jahren hier.« Ich fächerte ein wenig mit meinem Tropenhelm.

»*Jah,* ich bin so froh, dass heute Sonntag ist. Nur sehr kranke Leute kommen heute zu uns.«

Kaum hatte ich das gesagt, als ich aus einiger Entfernung eine Kolonne auf uns zukommen sah. Ich seufzte und trat in die glühende Sonne, um zu sehen, was das wieder bedeutete.

Ein Pfleger kam auf mich zugerannt.

»Krokodilbisse«, keuchte er. »Die Instrumente liegen schon bereit. Es ist sehr schlimm!«

Im Krankensaal fand ich ein kleines Mädchen von vielleicht zehn Jahren mit starrem Blick und schmerzverzerrtem Gesicht. Das Kind war dem Ende nahe. Eines seiner Beine war von einem großen Krokodil erbarmungslos zerbissen worden. Es war eine einzige breiige Masse. Schnell gab ich ihm eine Spritze, um die Schmerzen zu lindern und den Schock zu mildern.

Der Vater ging mit mir, um sich selbst davon zu überzeugen, dass alles zur sofortigen Operation bereit war.

»Erzähl mir, wie alles zuging, Vater.« Ich fädelte Nadeln ein und nahm Spulen mit Darmsaiten aus den Töpfen, die in den Schränken standen. Gegen das Fenster hin hob sich die Silhouette des riesigen Afrikaners ab; sein schwarzes Gewand war über die Schulter geworfen.

Er begann:

»Meine Tochter war bei den Frauen. Sie füllte Wasser in ihren Lehmkrug, Buana, unten am Ruaha-Fluss. Es war gestern Nachmittag. Als sie sich mit dem Gefäß bückte, kam ein Krokodil aus dem tieferen Wasser heran. Sie versuchte wegzukommen, rutschte aber in dem weichen Schlamm aus, und im Nu hatte es sie gepackt.«

»Aber wie kam sie überhaupt wieder dort heraus?«

»Oh, Buana, sie ist ein mutiges Mädchen! Sie zerschellte ihren Tonkrug auf der hässlichen Schnauze. Da ließ das Krokodil los, und sie schleppte sich irgendwie die Böschung hoch. Wir eilten herbei und scheuchten das Biest mit Stöcken und Speeren in den Fluss zurück. Wir wussten keinen Rat. Der Fluss ist sechzig Meilen weit von hier.«

»Hast du sie etwa die ganze Strecke getragen?«

»O nein, Buana. Wir warteten an der Straße bis Mitternacht. Es war bitterkalt dort unten am Fluss. Sie schrie und weinte, bis sie keine Tränen mehr hatte. Dann nahm uns ein indisches Auto mit und brachte uns bis zur Abzweigung des Weges, zehn Meilen von hier. Oh, diese Fahrt! Wie das schaukelte und stieß!

Wir versuchten, es ihr auf dem Boden des Lastwagens bequem zu machen. Aber er war furchtbar hart, und sie stöhnte dauernd. Seit der Morgendämmerung habe ich sie dann getragen. Wir mussten oft durch die schlammigen Flussbetten hindurch. Kannst du irgendetwas für sie tun?«

»Wir wollen es versuchen«, sagte ich. In diesem Augenblick kam Daudi und schloss die Tür des Operationszimmers.

»Ist alles bereit, Daudi?«

Auf Englisch antwortete er: »Die Instrumente brauchen wir heute nicht mehr, Buana. Ich hörte gerade, dass sie eingeschlafen ist.«

Ich nahm den Vater still zur Seite: »Sie ist tot.«

Der große Afrikaner nahm seinen Kopf in die Hände und schüttelte ihn in tiefer Trauer.

»Oh, meine Tochter, meine Tochter! Wenn ich doch früher hier gewesen wäre! Es war eine so lange Reise!«

Daudi versuchte, ihn zu trösten.

Ich sah, wie mein Helfer mit dem großen Afrikaner neben den Operationstisch niederkniete; leise schloss ich mich ihnen an. Daudi befahl die Seele des kleinen Mädchens in Gottes Hand und legte ihm den Schmerz der Eltern hin. – Daudi verstand so gut die Gefühle dieser einfachen Leute in solchen Fällen! Ganz schlicht sprach er zu den trauernden Verwandten von Gott, von dem Leben nach dem Tod und dem Erlöser, der den Menschen den Zugang zu jenem Leben geöffnet hat.

Mit der europäischen Schwester verließ ich das Krankenhaus.

»Welch eine Tragödie, Schwester. Was für einen Gewaltmarsch haben sie gemacht! Wie unnütz erscheint es, den Kampf aufzunehmen gegen all diese Krankheiten, all diese Schwierigkeiten in den Tropen, diese Tierangriffe sowie die Probleme, die mit dem primitiven Verkehr verbunden sind – und das Ganze mit so wenigen Arzneien und Geldmitteln. Ich bin äußerst niedergeschlagen.«

»Das ist die anstrengendste Woche, die Sie hinter sich haben, Doktor, und dann dies dazu –, das alles lässt Sie nur die dunklen Seiten sehen. Denken Sie doch an all die Augen, die wir in der letzten Woche retten konnten, und an jene vier Kinder mit dem Tropenfieber, das an Tuberkulose erkrankte Baby und die Mutter mit den Zwillingen. Ihnen allen konnten wir helfen.«

»Ja, Schwester, das sehe ich alles ein, aber hier draußen sind die Verhältnisse so furchtbar schwierig. Es ist eine kolossale Arbeit für uns paar Leute.«

»Zugegeben, Doktor – wir könnten sie nicht in Angriff nehmen, wüssten wir nicht, dass Gott hinter uns steht und uns täglich bei der Arbeit hilft.«

»Sie haben recht, Schwester.«

Wasserträger

»*Jitoboce!*« (Es hat ein Loch!), sagte Mhutila, der schielende Wasserträger, als er an meiner Bürotür erschien. »Als wir Wasser hineingossen, da sprudelte es plötzlich aus dem Loch heraus, und das tut's immer noch.«

Man hätte ihn abmalen können, wie er so dastand, mit seinen kurz geschorenen Haaren und seinen zerlumpten Hosen. Man sah deutlich die Muskeln seiner Arme und seiner nackten Brust. Er war ungeheuer stark.

Ich packte meinen Tropenhelm, und wir rannten beide zu unserer großen Zement-Tonne, die unserem Krankenhaus als Wasserbehälter diente.

»Oh, du Schlaukopf«, tadelte ich ihn. »Warum hieltest du deine Hand nicht auf das Loch, damit kein Wasser verloren geht?«

»Was sollte ich denn tun, Buana? Hier den ganzen Tag stehen und meinen Finger auf das Loch halten, während du dort in deinem kleinen Büro sitzt und dauernd schreibst?«

In dem Auge, mit dem er mich ansah, bemerkte man deutlich ein Zwinkern; das andere schaute traurig drein.

»Nun, mein Sohn, halte die Hand auf das Loch und warte.«

Schnell kehrte ich mit einem Korken zurück. Immer noch zwinkerte sein Auge. Gläubig hielt er seinen Finger auf das Loch, aber der Behälter war leer.

»Ich vergaß, dir zu sagen, Buana, dass auf der anderen Seite auch ein Loch ist.«

Entgeistert sah ich ihn an. Ich beherrschte so ziemlich drei Sprachen[8], aber keine lieferte mir die passenden Ausdrücke für diese Lage. In diesem Augenblick kam eine Schwester von der Kinder-Abteilung, die einen Krug in der Hand hatte. Sie schaute in den Behälter.

»O weh! Kein Wasser drin, Buana! Was soll ich machen? Wie soll ich die Babys waschen? Mit Luft geht das nicht. Du bist der Doktor. Bitte, tu doch etwas!«

»*Wisuanu!*« (Geht schon in Ordnung!), beruhigte ich sie.

Jetzt kam eine Schwester aus dem Frauensaal, und als auch sie kein Wasser fand, begann sie:

»Buana, die Frauen wollen keine Medizin einnehmen, wenn wir sie nicht mit Wasser mischen … Du bist der Doktor. Kannst du nicht …«

»*Wisuanu!*«, sagte ich wieder.

Der Nächste war der Koch. »Du verstehst zwar nichts vom Kochen, aber wie sollen wir zu Haferbrei kommen, wenn wir kein Wasser haben? Du bist unser Doktor, kannst du nichts dagegen unternehmen?«

Ich sah mich nach Mhutila um, aber der war schon zu dem eineinhalb Meilen entfernten Brunnen unterwegs; von dem Palmen-Ast auf seinem Nacken baumelte an jeder Seite ein Eimer herunter. In diesem Augenblick kam die Hilfe. Ich hörte eine hohe Stimme, halb sin-

8 Anmerkung des Herausgebers: Damit ist zweifellos gemeint, dass Dr. White neben Englisch und der ostafrikanischen Verkehrssprache Suaheli auch Chigogo, eine Eingeborenen-Sprache im damaligen Tanganjika, beherrschte.

gend, halb psalmodierend: »Ci-ci-ci-ci-ci- … ja-ja-ja-ja-ja- …«, bis schließlich ein »he-he-he-he-he« ertönte. Um die Ecke kam ein Afrikaner mit einem lächelnden schweißtriefenden Gesicht. Es war Robert, der zweite Wasserträger.

»Du warst aber weit hinter deinem Kameraden, Robert.«

»Ja, Buana. Dieser Feind hat mich aufgehalten.« Er zog einen langen Dorn aus seinem gekräuselten Haar als Beweisstück hervor und hielt ihn mir hin.

»Er drang mitten durch meinen Fuß. Ich machte bei Daudi halt, er tat mir Jod drauf; *jah,* was beißt diese Medizin!«

Behutsam verstopfte ich die Löcher mit Kork, nachdem Robert diejenigen versorgt hatte, die so dringend Wasser brauchten. Für kurze Zeit war das Problem mit dem Behälter gelöst.

Einige Tage danach besuchte uns ein großer, von seiner langen Reise stark mitgenommener Engländer. Er kam mit einem jener alten Autos, wie sie in Tanganjika häufig anzutreffen sind.

»Hallo, Doc«, begrüßte er mich, »haben Sie eine Tasse Tee für mich?«

»Na klar. Kommen Sie rein, Ihren Durst zu stillen. – Was machen Sie denn hier, mit all den Siebensachen da hinten auf der Karre?«

»Ich bin dabei, die Wasserspiegel der Brunnen in dieser Gegend zu überprüfen. Einige Meilen von hier muss ich einen tiefer legen. So beabsichtigte ich, dort drüben bei Makangua unter den Bäumen zu kampieren.«

»Wie legen Sie denn die Brunnen tiefer?«

»Nun, wir haben zwei breite eiserne Zylinder; der eine passt in den anderen so wie zwei riesige Pillenschachteln. Zwischen beiden sind etwa acht Zentimeter Abstand, den wir mit Beton ausfüllen. Den stampfen wir fest, und so erhalten wir die Brunnenwand.«

»Großartig. Ich wünschte, wir hätten auch zwei solche Röhren. Die Zementbehälter, die wir benutzen, werden schnell durchlässig, und jeder bestürmt mich, ihm Wasser zu beschaffen. Sie wissen ja, zu wie vielen Dingen im Krankenhaus Wasser gebraucht wird.«

»Ich mache Ihnen einen Vorschlag, Doc. Warum sollten wir nicht einen solchen Behälter auf der Veranda vor dem Krankenhaus aufbauen? Sie hat einen Zementboden!«

»Ja.«

»Sie könnten ihn als Vorratsbehälter nehmen und brauchen sich nicht zu sorgen, dass er leck wird. Ich bringe Ihnen die Sachen am Samstag her und stelle sie Ihnen auf. Ich benötige nur zehn Leute, einige Bruchsteine in Walnussgröße und etwa eine Tonne Sand.«

»Vielen Dank. Das werden wir alles bereithalten. Möchten Sie noch eine vierte Tasse Tee?«

Am nächsten Morgen schleppten die Männer Sand in großen Behältern heran, die sie auf dem Kopf trugen. Andere zerkleinerten Granit.

Der Samstagmorgen kam und mit ihm eine dringende Operation. Ein Junge war von einem Büffel angegriffen worden. Ich nähte ihn an verschiedenen Stellen, dann legten wir seinen Arm in Gips und packten ihn ins Bett. – Ich sah nach den Brunnenarbeiten. Die ganze Veranda glich einem Bienenstock. Mein hoch aufgeschossener englischer Freund hatte alles in Bewegung gesetzt. Einige Afrikaner mischten den Beton, andere stampften ihn zwischen den Eisenwänden fest. Alle sangen und waren fröhlich, schwitzten aber dabei wie toll.

»*Jah*«, freute sich Mhutila, der Wasserträger, und stürzte sich auf seinen Stampfer. »Unsere Plackerei hat jetzt ein Ende!«

Eine Schwester sah durchs Fenster und strahlte übers ganze Gesicht. Aber ich konnte das Gefühl nicht loswerden, dass bei dem Ganzen etwas nicht stimmte.

Um elf Uhr waren sie fertig.

»Gießt etwas Wasser hinein«, befahl der lange Engländer. »Lasst es bis Montag so stehen. Dann komme ich und ziehe die Ringe heraus.«

Nun ergriff ich das Wort:

»Vielen Dank, aber nun kommen Sie mit zum Essen herein; unser übliches Hühnergericht: ein Zwanzig-Pfennig-Huhn – gedünstet und gebacken.«

Wir lachten beide. »Und Spinat?«, wollte er wissen. »Auch Spinat. Wir haben hier sehr abwechslungsreiches Essen.«

Es war Montagmorgen. Ich versuchte gerade, die Brust eines kleinen Afrikaners abzuhorchen, bei dem ich Lungenentzündung im Frühstadium vermutete. Doch draußen war ein solcher Lärm, dass ich nichts hören konnte.

»Was bedeutet der Krach, Kefa?«, fragte ich den Pfleger. Er trat ans Fenster und grinste fürchterlich. – »Der *Buana tschisima* (der Brunnenbauer) hat den Brunnen auf unsere Veranda gesetzt, und jetzt kann er die Eisendinger nicht herausbekommen, weil ihm das Dach im Wege ist.«

Dabei bog sich Kefa vor Lachen.

»Sieh nur, jetzt reißt er dein Dach ab, um mit seinen Eisenringen noch mehr solche Brunnen bauen zu können.«

Nun erschien mein Freund selbst am Fenster. »Da haben wir die Bescherung. Habe ich mir da nicht ein Glanzstück geleistet?! Wir müssen einen Teil Ihres Verandadaches abreißen, oder Sie behalten meinen ganzen Bau-Apparat Ihr Leben lang!«

Ich nahm das Hör-Rohr aus den Ohren und seufzte.

Ich fühlte, dass irgendetwas an der Sache faul war. Wie sollten wir auch einen Brunnen hierherbekommen, ohne dass irgendein Haken dabei wäre!

Mein Pessimismus war jedoch unberechtigt, denn das Dach wurde gut wiederhergestellt, und der neue Brunnen war unser ganzer Stolz. Wir mussten hier und da noch Zement anfügen, doch bald hatten die Wasserträger ihre helle Freude an ihm. Das Wasser musste zwar nach wie vor geschöpft werden, aber so ging weniger verloren, als wenn wir Hähne wie bei dem bisherigen Behälter benutzt hätten. Mit Wasserhähnen konnten die Besucher des Krankenhauses nämlich nicht umgehen. Sie drehten sie zwar auf, kamen aber gewöhnlich nicht auf den Gedanken, sie wieder zuzudrehen; und das war ja nun einmal erforderlich. Nach einigen Tagen fand ich einen langen Draht mit einem Haken neben dem Brunnen. Ich rief Daudi:

»Wofür soll denn der gut sein? Zum Fischen?«

»Ja, Buana. Zum Herausfischen der Tassen und Kannen.« Mit Bewunderung trat er einen Schritt zurück. »In ganz Ugogo gibt es keinen zweiten Brunnen wie diesen! Ist er nicht prima?! – Warst du schon einmal durstig, Buana?«

»Allerdings, ich bin immer durstig.«

»Aber ich meine doch: Warst du wirklich einmal durstig? War deine Zunge schon mal geschwollen? War es so schlimm, dass du nicht mehr reden konntest?«

»Nein.«

Daudi grinste. »Aber in Ugogo sind viele Menschen so durstig. Was nützt dann alles Geld oder Vieh!? Für eine Kürbis-Schale voll Wasser würden sie dir einen Hut voll Geld geben. Einmal suchte ich in einem sandigen Flussbett nach Wasser. Ich grub zwei Meter tief, und als es endlich hervorsickerte, trank ich gierig, aber es war salzig, und ich musste stundenlang laufen, bis ich endlich Süßwasser fand. Wirklich, Buana, die Wassernot ist unsere größte.«

Unsere Lehrerin für Hygiene kam mit einem Krug. »Ist das nicht ein herrlicher Brunnen? Alle Besucher bestaunen ihn. Sie beschauen sich lieber den Brunnen als ein Flugzeug.«

»Warum auch nicht«, erwiderte Daudi, »kannst du ein Flugzeug etwa trinken?«

Judith lachte.

»Die Leute brauchen etwas, was ihnen auch wirklich hilft und nützlich ist. Deshalb bringe ich ihnen bei, wie sie ihre Babys in einem halben Liter Wasser baden können. Das Hygienebuch sagt zwar, man solle sie in zehn

Litern warmen Wassers baden, aber das gilt für Australien; hier in Afrika, wo man meilenweit laufen muss, um an Wasser zu kommen, ist das etwas ganz anderes.«

»Hmmmm«, brummte ich.

»Wenn deine Frau euren Wasservorrat fünf Meilen in einem Kanister auf dem Kopf heranschleppen müsste, würde ihr nicht danach zumute sein, ›Vollbäder‹ zu nehmen bzw. das Baby in eine volle Wanne zu setzen, oder?«

»Allerdings nicht«, gab ich zu.

»Na siehst du! Deshalb lehre ich die Frauen, ihre Babys ohne Seife und nur in einer Kürbis-Schale voll Wasser zu baden.«

»Erzähl mal, Judith, wie du das machst.«

»Die Seife bekommen wir ganz billig im Lager des Krankenhauses; aber einige Leute kaufen nicht gern. Ihnen schlage ich vor, feuchte weiße Holz-Asche zu nehmen und die Kleinen damit abzureiben.«

»*Kah*«, unterbrach Daudi sie. »Genauso machen wir es im Pathologie-Raum, wenn wir Glasplatten mit ›Bon Ami‹[9] abreiben.«

»Dann«, fuhr Judith unbeirrt fort, »spülen wir den Körper etwas ab, um allen Schmutz und die Asche herunterzubekommen, und gießen noch einmal ein wenig Wasser darüber. Danach hält man das Kind in die Sonne zum Trocknen. Schließlich reibt man es mit Erdnuss-Öl ein. Jeder kann schnell im Garten ein paar Erdnüsse zerstampfen. – Das mag unhygienisch klingen, Buana, aber es bewahrt Hunderte von Kindern vor

9 Anmerkung des Herausgebers: Umgangssprachliche Bezeichnung für ein Reinigungsmittel.

Hautkrankheiten, und jede Mutter kann es tun, denn Asche hat jeder.«

»Ein großartiger Gedanke«, nickte ich. »Und wozu stellst du die Väter an? Hat dein Mann ihnen schon Unterricht im Basteln von Kinderbetten und allen möglichen anderen Dingen gegeben?«

»Ja, Buana. Er zeigte ihnen, wie man kleine Betten aus Schlinggewächsen und Bäumen baut. Das teuerste kostet zwanzig Pfennig.« Daudi und ich lachten.

»Die Beine der Betten stellen wir in Marmeladenbüchsen oder kleine Ton-Gefäße, sodass die *dudus* nicht am Bein hochkrabbeln und das Baby beißen können. Bald wird es in unserem Dorf kein Tropenfieber mehr geben, denn jeder wird ein Bettchen für die Kinder haben, statt sie nackt auf der Erde oder einem Stück Kuhhaut liegen zu lassen. Aber, Buana, nur ein Afrikaner kann die Afrikaner dies lehren. Ein Europäer braucht Jahre, bis er die Dinge mit unseren Augen sieht und so denkt wie wir.«

»Ganz recht. Deshalb bilden wir euch auch aus, damit ihr euren Stammesleuten helfen könnt.«

»Allerdings«, sagte Daudi. »Das ist der beste Weg. Erinnerst du dich noch daran, dass du neulich morgens zu uns darüber sprachst, wie man Jesus ins Leben hineinnimmt?«

»Das war doch Johannes 1, Vers 12: ›So viele ihn aber aufnahmen, denen gab er das Recht, Kinder Gottes zu werden, denen, die an seinen Namen glauben.«

»Ja, das war der Vers, Buana. Aber viele Leute verstanden dich nicht ganz. Du hast europäische Gedanken in unsere afrikanische Sprache gekleidet.«

Judith setzte ihr Gefäß ab, und Daudi erzählte uns eine einfache Geschichte. Sie zeigt sehr gut, wie Afrikaner denken.

»Ein Mann wanderte durch die Wildnis«, begann er, »und als er viele Meilen trockenes, staubiges Hügelland hinter sich hatte, wurde er immer durstiger. Bald kam er an ein Haus.

›Wasser, gib mir Wasser‹, rief er. Da brachte ihm der Hausherr eine ganze Kürbis-Schale voll.

›Danke‹, sagte der Mann, ›ich bin so durstig, ich verdurste! Meine Zunge ist geschwollen, ich habe schrecklichen Durst!‹

›Nun, so trink‹, sagte der andere.

›*Kah*, ich habe Durst! Ich brauche Wasser!‹

›Da ist doch dein Wasser … nun trink … sieh … da … das ist Wasser! Es stillt deinen Durst! Nimm doch!‹

›*Jah*‹, antwortete der Mann, ›ich sehe.‹ Er setzte sich in den Schatten und betrachtete das Wasser; der andere ging, um nach seinem Vieh zu sehen. Bevor er ging, sagte er noch: ›Nun nimm, ich kann es dir nur bringen, trinken musst du es selbst! Das kann ich nicht für dich tun. Nur wenn du trinkst, kannst du dein Leben retten.‹

Aber der Wanderer wollte das Wasser nicht; er saß da und verdurstete schließlich. Das Wasser stand vor ihm. Er wusste, es war Wasser. Er wusste auch, es würde seinen Durst stillen. Aber er nahm nicht und trank nicht. Genauso machen es diejenigen, die Jesus, der das Wasser des Lebens ist, nicht als ihren Erlöser und als Herrn ihres Lebens aufnehmen wollen.«

»Wahrhaftig, so ist es, Daudi.«

»Deine Sprache, Buana, muss so einfach werden, dass sie jeder verstehen kann. Darum ist unser Krankenhaus so nützlich. Wir können mit unseren Arzneien und Operationen predigen sowie in Gleichnissen reden, die sogar das Volk aus dem Busch versteht.«

Ich nickte; wir gingen heim, indem wir über das Gehörte nachdachten. Wir schauten uns den wunderbaren Sonnenuntergang an. Gegen den dunkelroten Himmel hoben sich die Silhouetten der Wasserträger ab – sie waren heute zum letzten Mal unterwegs. Insgesamt vierzehnmal hatten sie sich aufgemacht, um zum Brunnen zu gelangen.

Autofahrt

»*Mboru kabisa*«, sagte der Fahrer nachdrücklich.

Ich wandte mich an Roger: »Was sagt er?« Der Bursche lachte.

»Er schimpft, dass das Auto total verrottet sei.«

Ich besah mir den alten Wagen, der manche Tour hinter sich hatte und aus dem Jahre 1929 stammte, mit seiner »blank« geputzten Motorhaube und dem geflickten Planendach; dazu hatte er nach links noch etwas Schlagseite.

Wieder ließ der Fahrer eine Reihe mir unverständlicher Ausdrücke hören. Mein Dolmetscher wandte sich mit breitem Grinsen zu mir.

»Er sagt, der Wagen gleiche einer alten Kuh; er fräße viel und bereite nichts als Kummer.« Roger brach in schallendes Gelächter aus. »Er will wissen, wozu solch ein lautes Horn notwendig sei; man höre den Wagen auch ohne Horn schon aus einer Meile Entfernung.«

Die Hupe war ein imposanter Apparat; vorn sah sie wie eine Trompete aus, während sie hinten eine dicke Gummibirne aufwies. Sie gab Töne von sich wie ein Ziegenbock in Seelen-Angst.

Drei afrikanische Jungen, die fast nackt um den Wagen herumliefen, grölten vor Freude.

Zu meiner Erbauung hob der Fahrer die Motorhaube hoch und zeigte mir ein verwickeltes Gewirr von Leitungen, Drähten und Isolierbändern, die lebenswichtige Teile des Motors miteinander verbanden. Ich verwies auf einen Riss im Kühler. Er zuckte die Achseln. »Können Geschwüre bei alten Leuten etwa heilen?«, fragte er.

»Haja, Buana Bischope Jakusa!« (Jetzt kommt der Bischof!), riefen die Jungen aus der Spitze eines Paw-Paw-Baumes.

Der Bischof kletterte vorsichtig in den Wagen und schob den kleinen Ersatzriegel vor, der die Tür hielt, damit sie nicht während der Fahrt aufging. (Der eigentliche Riegel hatte sich bereits 1934 verflüchtigt.)

»Haja sukuma!« (Hallo, schiebt mal!), rief der Fahrer.

»Warum denn?«, fragte ich. »Haben Sie keinen Selbstanlasser?«

»Uch«, grunzte er. »Bei dieser Großmutter aller Batterien! Nun drückt schon!«

Der Koch, der Gärtner und zwei wild aussehende Afrikaner mit Lehm in den Haaren sprangen herbei und schoben aus Leibeskräften. Eine heftige Explosion kündigte das baldige Anfahren des Ungetüms an. Die drei Jungen flohen voller Entsetzen. Als das Gefährt endlich die holprige Straße hinunterpolterte, stoben die Hühner in alle Richtungen davon.

Ein Regierungsbeamter, der gerade seinen Nachmittags-Spaziergang machte, kam auf mich zu. Er begrüßte mich mit einem starken schottischen Akzent; dann deutete er auf die Staubwolke, die sich nur langsam verzog, und sagte:

»Welch ein Auto für einen Bischof!«

Als der Wagen eine halbe Meile entfernt war, hörte man einen dumpfen Krach. Er hatte eine kleine Erhebung überwinden müssen.

Wir grinsten beide.

»Der Bischof kann es sich nicht leisten, für einen Wagen etwa tausendzweihundert Schilling auszugeben. Das ist für Tanganjika-Verhältnisse eben ein ungeheuer hoher Preis«, bemerkte ich.

»Doktor«, erwiderte der Schotte, »es gibt keinen zweiten Wagen außerhalb von Edinburgh wie Ihren PKW.«

Mein eigener »Bus«, der als Krankenauto bzw. Lieferwagen diente und der unsere einzige Verbindung mit der Außenwelt war, befand sich gegenwärtig in den Händen von Georg, dem stets fröhlichen Besitzer einer Reparaturwerkstatt. Er besaß das einzige »Autokrankenhaus« im Umkreis von zweihundert Meilen.

»Das Ganze macht fünfzig Schilling«, sagte Georg. »Da ist auch das Gitter mit einberechnet, das die Gras-Samen vom Kühler abhält, und eine Ersatzachse. Ich habe sie vorn unter den Führersitz gelegt.«

»Danke, Georg. Wir brauchen immer eine Ersatz-Achse auf diesen ›Autobahnen‹.«

Interessiert besah sich der aus Zypern stammende Grieche meine Einkäufe: sechs lange Holzbohlen, feinmaschigen Hühnerdraht und eine sargähnliche Kiste mit Spaten, Hacken, einer Axt und großen afrikanischen Buschmessern.

»Doktor, Sie haben mir noch gar nicht erzählt, wie Sie den ganzen Weg ohne Drahtgitter am Kühler geschafft haben.«

»Wir versuchten es mit verflochtenen Seilen und Ziegenhaut, schließlich benutzten wir Streifen aus Kuhhaut, die wir feucht machten und hinterher trocknen ließen. Dann fuhren wir los, so schnell es unsere fünf Zylinder, die noch arbeiteten, erlaubten. Wir benötigten siebzehn Stunden für die siebzig Meilen.«

Unser Freund aus Zypern warf den Kopf zurück und bog sich vor Lachen. Er winkte uns freundlich nach, als wir durch das Gewimmel auf dem Marktplatz davonfuhren. An indischen Geschäften vorbei ging's über die Straße, die vom Kap der Guten Hoffnung nach Kairo führt. Ein Mediziner hätte in unserem Wagen gut seine anatomischen Kenntnisse überprüfen und zumindest die Lage seiner Knochen, besonders die von zweien, feststellen können.

Wir waren gerade von der Hauptstraße abgebogen und kamen an ein tief gelegenes, sandiges Flussbett. In diesem Teil der Welt sind die Flüsse nur drei Tage im Jahr voll Wasser; heute war zum Glück keiner von diesen drei Tagen.

»Nichts wie durch!«, feuerte Roger mich an, »gestern ging's auch!« Ich drosselte die Geschwindigkeit etwas und fuhr langsam die steile Böschung hinunter; dann gab ich wieder Gas. Wir donnerten durch den Sand und hatten schon zwei Drittel geschafft, da – ein Bums, ein Rutschen – wir saßen fest!

Heraus mit den Bohlen und Holzklötzen! Rad für Rad hoben wir an und legten Holz unter.

Krächzend flogen Krähen über unseren Köpfen. Die Hütejungen trieben ihr Vieh in die Dornbuschgehege zurück. Es dämmerte schon, und über den Bergen konnte man das Schauspiel eines Sonnenuntergangs in Ugogo sehen – ein Ausgleich für den Staub in den Steppen Ostafrikas.

Wir wischten den Schweiß von unseren Gesichtern, und ich versuchte, neu anzufahren. Die Räder fanden Halt, sodass es mir mit größter Vorsicht gelang, den Wagen die Uferböschung hinauf- und auf festen Boden zu bringen. – Aber nur, um gerade noch das Zischen der Luft zu hören, die einen unserer Reifen verließ. Ein Dorn saß drin, trotz sechsfacher Decke! Das war nichts Besonderes. Roger schrieb mit Kreide eine Zahl auf die Werkzeugkiste, die er in solchen Fällen stets hervorholte.

»Panne Nr. 39 in diesem Monat, Buana.«

Doch das war nur eine der Freuden, die einen erwarten, wenn man in Tanganjika Auto fährt.

Die Krokodilzange

Ich schaute durch das Loch in der Wand, das unserem Operationszimmer als Fenster diente. Eine unserer afrikanischen Schwestern trug gerade einen Behälter mit wertvollen chirurgischen Instrumenten auf dem Kopf, den ich im Geist schon herunterfallen sah, denn sie musste durch einen engen Torweg hindurch. Wie sollte sie die große Büchse sehen, die jemand mitten auf dem Weg hatte stehen lassen? Mein Herz schlug mir bis zum Hals hinauf – aber sie schaffte es spielend.

Wir packten alle Instrumente in die Regale, die wir aus Kisten gebaut hatten. Daudi, meine »Operations-Schwester«, hielt mir eine Zange hin.

»Was ist das für eine Zange, Buana?«, wollte er wissen.

»Eine Krokodilzange«, antwortete ich.

»Wofür ist sie denn?«

»Damit hole ich Kügelchen und alles Mögliche aus den Nasen und Ohren der Kinder.«

»Das ist eine gute Waffe, Buana. Viele Kinder stecken sich Bohnen in die Nase, oder es kriecht ihnen ein Insekt ins Ohr.«

»Was würde der Medizinmann in einem solchen Fall tun, Daudi?«

»Oh, er würde mit einem Dorn darin herumstochern, und zwar nicht immer mit dem besten Erfolg.«

»Kah«, sagte ich, »wie angenehm.«

Die Zange lag schon ein ganzes Jahr lang dort; aber

der chirurgische Gehilfe putzte sie jeden Donnerstag und freute sich immer wieder wie ein Kind darüber, dass sie ihr Maul so niedlich öffnen und schließen konnte.

»*Kah*, sie hat ein Maul wie eine Kobra, Buana.«

»Ja, aber sie ist weit nützlicher als ein ganzer Rucksack voll Schlangen!«

»Allerdings«, lachte Daudi.

Eines Tages kam ein Helfer angerannt, als ich mir während der Mittagshitze gerade ein kühles Fleckchen gesucht hatte.

»Buana, ein Kind! – es hat einen *dudu* im Ohr.«

»Was sagt er?«, fragte mich meine Frau.

»Ein Junge mit einem Insekt im Ohr ist gerade ins Krankenhaus gekommen. Jetzt kann ich endlich mal die Zange anwenden; es bot sich bisher noch keine Gelegenheit dazu.«

Ich ergriff meinen Tropenhelm und lief zum Krankenhaus hinüber. Unter der Veranda der Poliklinik, wo es recht beengt zuging, waren etwa dreißig Personen versammelt. Der Unterhäuptling eines zehn Meilen entfernten Dorfes kam zu mir, um mich zu begrüßen. Feierlich gab ich jedem die Hand und erkundigte mich nach ihrer Gesundheit, ihrem Appetit, ihren Gärten, dem Schlaf der letzten Nacht und ihren Frauen; dann endlich kamen wir zur Hauptsache.

»Wie ist der *dudu* denn hineingekommen?«

»Der Junge schlief gerade, als er plötzlich hineinkrabbelte. Wir versuchten, ihn herauszuschütteln, aber, siehe da, er blieb darin stecken.«

Wenn so ein Kind lediglich auf einer Kuhhaut liegt,

kann es nur allzu leicht passieren, dass irgendein Insekt ihm zum Verhängnis wird, dachte ich. Auf dem Boden der Hütten, die in den Dörfern der Eingeborenen zu finden sind, wimmelt es nämlich von Insekten. Mit einem kurzen Blick suchte ich den Patienten und wandte mich wieder an den Häuptling.

»Ooooh«, staunte ich, »und was habt ihr dann gemacht?«

»Och, gar nichts.«

»Lügner«, raunte Daudi hinter mir auf Englisch.

»Ihr habt also nichts unternommen?«, fragte ich und sah ihn eindringlich an.

»Oh, nein – ja, doch –, seine Mutter brachte ihn zum Medizinmann.«

»*Nch*«, erwiderte ich, »und was hat der gemacht?«

»Ich – ich weiß es nicht. Frag seine Mutter.«

»Nanu?«, neckte mein Gehilfe, »wer regiert denn in deinem Haus? In eurem Dorf ist wohl eine Frau der Häuptling?«

Alle lachten, nur der Unterhäuptling nicht; ihm war äußerst unbehaglich zumute.

»Nun komm, du kannst mir ruhig alles erzählen«, half ich ihm. »Ich bin doch kein Neuling in diesem Land. Du siehst doch, dass ich eure Sprache und Sitten kenne.«

»Ich habe gesündigt, Buana«, sagte er da. »Ich will dir alles sagen. Ich gab dem Medizinmann einen großen Topf voll Hirse-Samen. Dafür tat er meinem Kind Medizin ins Ohr, die er aus gekochten Kräutern und Fett vom Ziegenbock gemacht hatte.«

»Hat das Ganze etwas geholfen?«

»Nein, Buana.«

Der Patient war ein kleiner Bursche von vielleicht zwölf Jahren; jetzt kam er zu mir herüber.

»Buana, ich habe keine Angst vor dir. Du kannst mir bestimmt helfen.«

»Woher weißt du denn das?«, fragte ich ihn.

»Ich weiß noch, wie du dem Mann nach dem Fußballspiel das Bein zugenäht hast, und er hatte keine Schmerzen.«

Ich erinnerte mich an den Vorfall; bei örtlicher Betäubung hatten wir einen langen Schnitt im Oberschenkel eines Mannes nähen können. Die Zuschauer und der Patient hatten sich sehr darüber gewundert, dass die Stiche gemacht werden konnten, ohne ihm Schmerzen zu bereiten.

Ich nahm den kleinen Kerl mit ins Operationszimmer. Daudi öffnete die Tür.

»Buana, lass meinen Vater bitte draußen. *Ich* will dir mal die ganze Geschichte erzählen«, flüsterte der Kleine; denn schließlich ist das Insekt ja in *meinem* Ohr.«

Daraufhin ging Daudi nach draußen, um den Verwandten auf der Veranda mitzuteilen, dass sie hier warten sollten. Der Junge setzte sich auf den Operationstisch. Ich holte die Instrumente und verschiedene Flaschen herbei.

»Na, schieß mal los, mein Junge; wie war denn die Geschichte?«

»Ich schlief auf meiner Kuhhaut neben der Kornkiste; meinen Kopf hatte ich unter der Decke. Da kam ein *dudu* in mein Ohr gekrabbelt und lief da drin herum – und, Buana, er läuft immer noch. Ich schüttelte meinen Kopf hin und her. Dann stocherte ich mit einem Grashalm im Ohr herum, aber er wollte einfach nicht herauskommen. Meine Verwandten pusteten mir ins andere Ohr, aber auch das half nicht. Danach stellten sie mich auf den Kopf und gaben mir Medizinen, die mich ganz krank machten. Aber der *dudu* kam nicht hervor. Schließlich schleppte mich mein Vater zum Medizinmann. Der stocherte zuerst mit einem Dorn in meinem Ohr herum – *kumbe* – das zog! Dann goss er mir kochend heiße Medizin ins Ohr. *Jah!* Ich zappelte und schrie, aber es half alles nichts. Er verbrannte mein Ohr innen und außen, aber das Insekt läuft noch darin herum – und jetzt dröhnt mir der ganze Kopf so, dass ich nicht mehr schlafen kann. Die Schmerzen und das Klopfen im Kopf machen mich fast verrückt. Hilf mir, Buana, bitte, hilf mir!«

Ich legte ihm eine in Kokain getränkte Gaze auf das geschwollene Ohr. Es war eine eklige Sache. Nach einer Weile ging die Schwellung zurück; jetzt konnte die Krokodilzange drankommen. Der Gehilfe wandte sich an mich:

»Mach es doch lieber draußen, Buana, damit es alle sehen! Kein Zauberdoktor bringt das fertig. Zeig ihnen mal, wie unsere großartige Waffe funktioniert, damit sie endlich einsehen, dass wir bessere Methoden anwenden als sie.«

»In Ordnung«, sagte ich, und wir schafften unsere Gerätschaften nach draußen. Mithilfe einer Ohrenlampe hoffte ich, das Insekt ausfindig machen zu können. Die neugierigen Verwandten scharten sich um uns.

»Halt den Kopf schön still, mein Sohn!«

»Ich will es versuchen, Buana, aber der *dudu* bewegt sich, ohne dass ich es will.«

Ich machte den ersten Versuch.

»Es ist schwierig, nicht wahr, Buana? Soll ich meinen Kopf an die Wand legen? Dann kann er sich nicht bewegen.«

Wir rückten hinüber in eine Ecke. Er setzte sich auf einen kleinen Stuhl und ich mich auf einen anderen. Ich reinigte das Ohr mit einem Wattebausch und träufelte einige wohltuende Tropfen ein. Die Angehörigen verfolgten mit offenem Mund jede Bewegung. Vorsichtig beseitigte ich getrocknetes Blut und Dreck. All dies belegte hinreichend, wie arg der Zauberdoktor mit dem Dorn darin herumgestochert hatte.

»Tut's weh, mein Junge?«, fragte ich.

»Ja, Buana, aber nur ein ganz klein bisschen.«

Nun konnte ich meine Ohrenlampe endlich einführen; indem ich die erleuchtete Ohrwandung entlangspähte, war ich imstande, einen Teil des Insekts zu sehen. Mit einer Zange tastete ich nach ihm.

»*Jaaah*«, stöhnte mein kleiner Patient, »der *dudu* läuft wieder.«

»Du hast recht, aber es ist sein letzter Lauf.«

»Kannst du ihn sehen, Buana?«

»Ja, aber sei jetzt ganz still, dann habe ich ihn sofort! Halte den Atem an!«

Wieder sichtete ich das Insekt und schnappte nach ihm.

»Beinahe«, hauchte ich, und dann – »ich hab's!«

Triumphierend zog ich den Missetäter ans Tageslicht. Er saß fest in den Greifern meiner Zange.

»*Jaaah*«, staunten die Verwandten.

»*Heeeh*«, freute sich mein Kleiner und rieb sich sanft das Ohr. »Gib mir den *dudu*, Buana. Ich möchte ihn haben.«

Ich öffnete die Zange; er nahm das Insekt und zerquetschte es zwischen den Daumennägeln.

»So, dich hätten wir«, sagte er.

Alle lachten. Der Häuptling schüttelte mir fest die Hand.

»*Ati, muwaha!*« (Du famoser Anführer!), grinste Daudi. Und an die Verwandten des Jungen gewandt: »Hättet ihr das selbst geschafft? Oder vielleicht euer Zauberdoktor?«

»*Hamba hadodo!*« (Nee, nicht dran zu denken!), spottete der Kleine, »aber der Buana mit der Krokodilzange!«

»*Jah*«, bemerkte Daudi. »Der *dudu* ist genau wie die Sünde. Man kann sie einfach nicht loswerden, so sehr man sich auch anstrengt. Von ihr befreien kann allein Jesus Christus, der Sohn Gottes, der die Menschen liebt und sich für sie aufopferte.«

Die Afrikaner flüsterten aufgeregt miteinander, nur der Junge kam zu mir und sagte:

»Buana, wenn ich mal Häuptling bin, werde ich dafür sorgen, dass jeder zu dir ins Krankenhaus kommt.«

Er schwieg einen Augenblick, bevor er mich bat: »Buana, wenn ich die Schule verlassen habe, darf ich dann zu dir kommen und Gehilfe werden wie Daudi?«

»Kennst du mich noch, Buana?«

Ich sann einen Augenblick nach.

»Ja, aber ich weiß nicht genau, wo …«

Er grinste und presste die Daumennägel gegeneinander.

»Kannst du dich jetzt erinnern, Buana?«

»Ja, natürlich«, lachte ich, »du hattest einen *dudu* im Ohr.«

»So war's, Buana. Und weil du mir so gut geholfen hast und ich bei euch von Jesus gehört habe, bin ich ein Christ geworden. Im nächsten Jahr komme ich, um Gehilfe zu werden, damit ich auch anderen helfen kann.«

Aussatz

Daudi saß auf einem hohen Schemel in der Poliklinik, während Samson, sein jüngerer Kamerad, ihm mit einer uralten Rasierklinge geschickt einen Scheitel in sein dichtes gekräuseltes Haar schnitt. Ich schob meinen Kopf zur Tür hinein und grinste.

Der Haarkünstler blickte auf.

»Unser Haar ist viel leichter zu bearbeiten als deins, Buana. Ein Schnitt nur, und man sieht den Scheitel wochenlang. Afrikanisches Haar ist auch deshalb besser als europäisches, weil viele der Buanas ja nur eine Andeutung von Haar auf dem Kopf haben.«

»Sag mal, Daudi, warum scheren sich die Frauen hier eigentlich die Köpfe kahl?«

Beide Gehilfen lachten.

»Wenn du in ihren dreckigen, von Insekten wimmelnden Hütten wohnen müsstest, würdest du es auch tun, Buana; denn wenn kein Haar da ist, woran sollen die Insekten sich dann festhalten?«

Jetzt musste auch ich lachen. Eben wollte ich mich auf den Tisch setzen, um mich eingehend mit ihnen über die verschiedenen Haartrachten zu unterhalten, als zwei kleine, hagere Burschen an der Tür erschienen.

»So wusuero wenju!« (Guten Abend!), sagte der ältere der beiden.

»Ale so wusuero wenju njenje!« (Euch beiden ebenfalls einen guten Abend!), erwiderten wir im einstimmigen Chor. Dann sagte Daudi:

»Ich glaube, wir brauchen kein Mikroskop, um ihre Krankheit festzustellen, Buana!«

Die beiden sahen allerdings ganz erbärmlich aus; sie waren nur in Lumpen gehüllt. Die Rippen schauten deutlich hervor, und ihre Gesichter waren vom Aussatz schrecklich gezeichnet. Ich ging auf sie zu und legte jedem eine Hand auf die Schulter.

»Sagt mir mal, Kinder, woher ihr kommt.«

»Wir wohnten in Idifu, Buana«, sagte einer von ihnen, »jenseits des Sumpfgebietes, hinter dem Leopardenberg; unser Dorf liegt auf der anderen Seite des großen Dornbusch-Dschungels.« Bei diesen Worten hob er seine Stimme, um anzuzeigen, welch einen weiten Weg sie gelaufen waren.

»Das sind ungefähr zehn Meilen von hier, Buana«, erklärte Daudi, »eine ziemlich heidnische Gegend.«

»Und wo wohnt ihr jetzt?«

»Oh, wir schlafen im Wald, Buana. Wir haben keinen anderen Ort. Unser Vater will uns los sein, weil wir diese Hautkrankheit haben!«

»Wissen sie Bescheid, Daudi, dass sie Aussatz haben?«, fragte ich auf Englisch.

»Ich denke schon, Buana.«

Der kleinere der beiden Jungen setzte sich plötzlich hin und weinte bitterlich. »O Mutter«, jammerte er, »ich bin so hungrig. Wir sind den ganzen Tag gelaufen, und meine Füße tun so weh!«

Sein älterer Bruder half mir, ihn aufzurichten und zu trösten.

»Keiner will uns haben, Buana. Wir sind zu all unseren Verwandten gegangen, aber sie sagen nur: ›Für euch haben wir keinen Platz.‹ Sie fürchten sich alle vor dieser Krankheit und möchten, dass die Hyänen uns fressen. Deshalb schickten sie uns in den Dschungel.«

Ich wandte mich an Daudi:

»Sie sind am Verhungern. Bevor wir etwas anderes unternehmen, müssen sie zu essen bekommen. Gib ihnen einen hohen Teller voll *wugali* (Haferbrei). Ich schicke ihnen auch noch Suppe, wenn sie ihren *wugali* gegessen haben.«

»Sollen sie in der Hütte schlafen, wo wir die Aussätzigen behandeln, Buana?«

»Ja. Gib jedem eine alte Decke. Sorge dafür, dass sie baden können und alles bekommen, was sie brauchen.«

»Wird gemacht, Buana. Hier bietet sich eine Gelegenheit, diesen Jungen die Liebe Jesu zu zeigen. Wir haben ja keine Furcht vor dem Aussatz und können ihnen wirklich helfen. Hast du es gemerkt, Buana, dass nicht einmal der Medizinmann wagte, irgendetwas zu unternehmen?«

»*Huh*«, warf Samson ein. »Der sagt nur: ›Wozu ist ein Aussätziger schon nütze?‹«

»Jedenfalls werden wir sie am Donnerstag in die Aussätzigensiedlung der christlichen Mission in Makupora bringen.«

»Buana, schickst auch du uns fort?«, wollte der Jüngere wissen.

»Nein, mein Kind. Wir haben hier ein kleines Haus für euch, wo ihr so lange bleibt, bis wir mit dem Auto dahin fahren, wo eure Krankheit besser behandelt werden kann.«

»Aber – wir haben kein Essen, keine Decken, nichts. Wir sind ganz arm«, sagte der Ältere.

»Ich gebe euch Decken; und zu essen sollt ihr so viel bekommen, dass ihr nichts mehr herunterbekommt.«

»*Ja-a-a-a-a*«, jubelten sie beide, »*ja-a-a-a-a!*«

Sie fassten mich bei der Hand, und ich führte sie zu der kleinen Hütte.

»Dürfen wir hierbleiben? Es ist so sauber, dieses Haus.«

Ich lachte. »Jawohl, hier bleibt ihr. Da sind Matten für euch zum Schlafen, und Daudi bringt euch zu essen. Doch zuerst wird gebadet.«

»Aber, Buana, wir sind zu müde, um Wasser aus dem Brunnen zu holen.«

»Wir bringen euch warmes Wasser und Seife«, tröstete ich sie. Dann setzte ich mich neben sie auf die Steinstufe und erzählte ihnen, wie Jesus die Leute geheilt hatte, die die gleiche Krankheit hatten wie sie. Ich sprach davon, wie er ewiges Leben und unvergängliche Freude schenkt, und davon, dass er nicht nur den Haut-Aussatz beseitigt, sondern auch die Seele rein macht.

»Buana, kann man Aussatz auch ins Herz bekommen, wie ich ihn am Finger habe?«, fragte der kleinere der beiden Jungen. Dabei hob er seine Hand hoch, die von der Krankheit schon ganz zerfressen war.

»Allerdings, sogar noch viel schlimmer als das«, sagte ich. »Der Aussatz des Herzens ist die Sünde. Sie ist so schlimm, dass Gottes eigener Sohn auf die Erde kommen musste, um sie wegzunehmen; und dazu musste er sterben.«

»Wie starb er denn, Buana?«

»Die Menschen nagelten ihn an ein Holzkreuz«, antwortete ich. »Sie schlugen einfach Nägel durch seine Hände und Füße. So hing er da, bis er starb.«

»Um unsere Sünden wegzunehmen?«, fragten sie.

»Ja«, erwiderte ich, »um deine und meine Sünde wegzunehmen.«

Eine Schwester brachte eine Menge Haferbrei und eine Schüssel Bohnen-Gemüse.

»Oh, vielen Dank, Buana, wir haben ja Hunger wie Wölfe; sehen wir nicht wie Bindfäden aus?«

Der Ältere blickte zu mir auf.

»Buana, hat Gott dich hierhergeschickt?«

»Ja«, antwortete ich.

»Dann sag ihm doch bitte, dass wir dafür sehr dankbar sind und gern noch mehr über seinen Sohn hören möchten.«

Der kleine Bursche stopfte den Mund so voll, wie er nur konnte. ›Die werden schon so zulangen, dass nichts übrig bleibt‹, dachte ich und ließ sie allein. – Anschließend wusch ich mir gründlich die Hände.

»Wenn man sich vorsieht, ist der Aussatz gar nicht so gefährlich«, sagte ich zu Daudi.

»Das stimmt, Buana, aber denk an die vielen Kinder, die ohne frische Luft in schmutzigen Hütten leben und alle auf einer Matte liegen müssen. Ist es da ein Wunder, dass sich die Krankheit wie ein Strohfeuer verbreitet?«

Später am Abend sah ich bei meinem Rundgang auch nach unseren zwei kleinen Freunden. Daudi verbrannte gerade ihre schmutzigen Kleider an einem

Stock. Die Kinder schliefen fest, in einige Decken eingerollt.

»Arme Geschöpfe«, murmelte Daudi. »Waren die aber dreckig! Ich habe sie zweimal abgeschrubbt!«

Drei Tage wohnten sie in der Hütte; sie verzehrten, stets zufrieden, ihr Essen und spielten stundenlang mit einem Tennisball. Jeden Tag stellten sie sich auf einen großen Stein und »badeten«, indem sie mit einer Kürbis-Schale warmes Wasser aus einem Eimer schöpften und sich gegenseitig über den Kopf gossen. Sie hatten kleine weiße Hemden an; ihre kranken Finger hatte Daudi gut verbunden.

Der Donnerstag war gekommen. Das Auto wurde mit allen möglichen chirurgischen Instrumenten, Arzneien und Salben beladen, dazu kam noch ein Sack voll Mullbinden. Die zwei Jungen saßen vergnügt hinten drauf; jeder hatte ein Päckchen Reiseproviant bei sich. Zuerst waren sie etwas erschrocken über das Stoßen des Wagens, denn es war ihre erste Autofahrt. Bald aber jaulten sie vor Freude, als wir über den sandigen Boden dahinschaukelten und uns den Weg durch den Dschungel bahnten. Wir holperten die Kap-Kairo-Straße entlang. Rote Staubwolken nebelten den Wagen ein. Endlich erreichten wir Dodoma. Ich amüsierte mich köstlich über die beiden, die von einer rötlichen Staubschicht überzogen waren. Als sie die vielen fremdländischen Leute in der Stadt sahen, rissen sie die Augen auf.

»*Jah*«, staunte der eine, als er drei Engländer daherkommen sah, »wer hätte gedacht, dass es so viele Europäer auf der Erde gibt!?«

»*Kah*«, rief der andere, »sieh mal die Inder. Die Welt ist doch sehr groß!«

Ich schenkte jedem ein großes Stück braunen Kandiszucker. Sie sahen es argwöhnisch an.

»Ist das Medizin, Buana? Schmeckt es bitter?«

»Probiert's doch!«

Vorsichtig leckten sie daran; dann zog ein Lächeln auf ihre Gesichter: »*Jah,* das schmeckt aber prima!«

Wir verließen die Stadt. Vorbei ging's an großen Granitblöcken, die aussahen, als hätten Riesenkinder mit ihnen gespielt, und an flachen Seen, auf denen es von Vögeln wimmelte. Dann fuhren wir langsam im Urwald bergauf. Eine Schar Paviane sauste kreischend über die Straße. Meine kleinen Freunde klatschten in die Hände und hielten sich den Bauch vor Lachen. Vor uns lag meilenweit die blendend weiße Salzebene; endlich erreichten wir den Fuß einer steil ansteigenden Bergkette – den Rift Wall. Die Bergfahrt auf der Straße, an deren Rändern es keine Leitplanken gab, war gar nicht so ungefährlich. Hundertzwanzig Meter unter uns lagen die Trümmer eines Lastautos, dessen Fahrer nur ein wenig zu weit seitlich gefahren war. Die Jungen drückten sich in eine Ecke des Wagens und sahen hinunter in die Tiefe. Der Motor kochte, aber es war nicht möglich, hier anzuhalten. Mit einem Gefühl der Erleichterung konnte ich endlich nach rechts abbiegen. Wir waren am Ziel: ein schmuckes weißes Haus auf der Spitze des Felsens.

Ich sprang heraus und schüttelte die Hand meines Kollegen, Dr. Wallace, der seine Lebensaufgabe darin sah, sich der Aussätzigen anzunehmen.

»Hier sind zwei Neue für Sie, Wallace. Die beiden sind aus der Gegend von Mwumi.«

Mein Freund gab ihnen die Hand. »Wollt ihr bei mir bleiben? Ich will euch helfen, dass ihr wieder gesund werdet.«

Einer der beiden blickte mich an.

»Werden die Leute hier uns auch solch ein Essen geben wie du, Buana? Und werden sie auch so lieb zu uns sein?«

Ich lächelte über seinen Kopf hinweg zu Wallace hinüber.

»Aber sicher! Dies ist ein Krankenhaus der CMS, und der Buana wird noch viel besser für euch sorgen, als ich es tun konnte.«

»Oh«, staunten sie, »und kann er uns auch von Jesus erzählen wie du?«

Wallace legte seine Hände auf ihre Schultern.

»Dazu bin ich ja hier«, lächelte er. Er rief einen Gehilfen herbei.

»Benjamin, führe diese beiden in die Jungen-Abteilung Nr. 3 und bringe sie dort unter. Ich komme gleich und sehe nach ihnen.«

Zu mir gewandt, sagte er: »Tee gibt's zur gewohnten Zeit.« Und zum Koch: »Die größte Teekanne. Du kennst ja den Durst des Buana.«

Wir standen auf der Veranda und schauten über die Ebene hin. Zu meinen Füßen lag das Fell eines riesigen Löwen ausgebreitet; es war wenigstens drei Meter lang.

»Haben Sie den selbst geschossen?«, fragte ich.

»Ja. Ich werde langsam ein bekannter Jäger hier. Man erzählte mir, dass Wildschweine in den Kartoffelfeldern seien, aber als ich hinkam, traf ich den hier an. Er war so nahe, dass ich ihn nicht verfehlen konnte. Das war auch gut; denn er war nur fünfzehn Meter von mir entfernt, als ich schoss! Jedenfalls ein wunderbares Fell.«

Mrs. Wallace goss den Tee ein. Sie hatte lange Zeit in der Sozialfürsorge in Ägypten gewirkt und betreute nun die gesunden Kinder aussätziger Eltern.

»Sieben Neugeborene, Doktor, seit Sie das letzte Mal da waren«, sagte sie, während ich mir Zucker nahm. »Und sie sind alle gesund; keine Anzeichen irgendwelcher Krankheiten sind vorhanden.«

»Das ist ja wunderbar«, antwortete ich. »Wie bewähren sich eigentlich Ihre Methoden in Sachen Vorbeugung und Hygiene?«

»Blendend!«, erwiderte mein Kollege. »Wir halten es so: Alle infizierten Personen befinden sich in der Kolonie unten im Tal, während die gesunden und symptomfreien hier oben auf dem Gipfel wohnen. Wenn Sie Ihre dritte Tasse geleert haben, machen wir mal einen Rundgang.«

Staunend betrachtete ich all das, was mein Kollege inzwischen geleistet hatte. Wallace war nämlich nicht nur der geistliche Betreuer und Arzt dieser Menschen; er hatte auch versucht, ihnen auf verschiedene Weise zu helfen und ihren Lebensmut wieder zu stärken. Wir kamen an Schreinereien vorbei, wo man afrikanische Betten, Stühle und viele andere nützliche Gegenstände für den Alltag anfertigte. Ein alter Mann, dessen Aussatz weit fortgeschritten war und dem viele Finger und Zehen fehlten, drehte geschickt Seile zwischen Oberschenkel und Handfläche. Er lächelte mich an:

»Es gibt viele Dinge, Buana, die man auch ohne Finger tun kann.«

Als wir weitergingen, sagte Wallace zu mir: »Ich ermutige sie immer, sich irgendwie zu beschäftigen. Aussatz ist eine ›faule Krankheit‹, und wenn sie nichts zu tun haben, wird es langsam schlimmer mit ihnen. Doch wenn sie Arbeit bekommen, strahlen sie vor Freude. Dazu noch eine sachgerechte Behandlung und gutes Essen, und viele werden wieder ganz gesund.«

Ich besichtigte Säge-Gruben, wo Männer Holz für weitere Krankenhütten sägten.

»Der Mann zum Beispiel, der dort drüben sägt, war vor drei Jahren noch ein ›hoffnungsloser Fall‹; nun können wir ihn in drei Monaten entlassen. Als er kam, war er abgemagert und schwach. Wir gaben ihm schrittweise mehr Arbeit und gutes Essen. Sehen Sie sich ihn jetzt an!«

»Paulo«, rief er, *»njo!«* (Komm mal her!)

Ich erinnerte mich, dass ich den Mann kurz nach meiner Ankunft in Afrika gesehen hatte, aber vergeblich suchte ich den großen gelben Fleck, an dem man ihn zuvor als Aussätzigen erkannt hatte.

Paulo ergriff meine Hand. »Jetzt bin ich kräftig, Buana, und beinahe schon gesund. Außerdem bin ich Experte im Holzsägen. Hier hat sich mein ganzes Leben geändert.«

Wir waren gerade in die Garten-Anlagen gekommen, und ich betrachtete die Kürbisse und Früchte sowie die aufblühenden Mangobäume. Wallace sagte: »Als Paulo herkam, nannten wir ihn ›Tschibedi‹.«

»Das heißt ja ›Ungehorsam‹«, lachte ich.

»Den Namen trug er auch ganz zu Recht, er war ein ganz hartnäckiger Kerl; aber nachdem er zum lebendigen Glauben an Jesus Christus gekommen war, änderte er sich völlig. Sie müssten sehen, wie er zu den Gottesdiensten läuft! Es ist nichts Unechtes an seinem Christsein.«

»Ihre ganze Arbeit ist in der Tat eine lohnende Sache«, bemerkte ich, »in jeder Hinsicht.«

»Sie glauben gar nicht, wie wunderbar es ist, wenn man sieht, wie der Stachel des Aussatzes abstumpft. Außerdem können wir diesen Menschen eine neue Lebensgrundlage schaffen – sowohl beruflich als auch durch eine solide Verwurzelung im christlichen Glauben, der uns selbst ja alles bedeutet. Sehen Sie sich diese Unterkünfte an: Indem jeder seine eigene Hütte baut, leistet er auf einfache, billige und wirkungsvolle Weise einen Beitrag zur Neugestaltung seines Familienlebens. Zugleich ist dies eine gute Methode zur Krankheitsbehandlung. Die gesunden Kinder oben auf dem Gipfel können unten ihre Eltern sehen, aber es besteht keine Gefahr, dass die Krankheit weiterverbreitet wird. Sogar ihre eigenen Gärten haben die Leute hier, aus denen sie einen großen Teil ihrer Nahrung beziehen.«

»Was kostet so ein kleines Häuschen?«

»Tausendzweihundert Schilling etwa; es hält ungefähr zehn Jahre. Außerdem wenden wir im Durchschnitt hundertzwanzig Schilling für den jährlichen Unterhalt einer jeden Person auf.«

Ich pfiff durch die Zähne.

»Wahrscheinlich verhindert jeder Einzelne, den Sie hier haben, dass Dutzende in den Dörfern angesteckt werden.« »Allerdings«, antwortete er. Schweigend stiegen wir wieder den Berg hinauf.

Es vergingen zwei Jahre, bis ich wieder einmal bei Dr. Wallace Tee trank.

»Wer ist jetzt Ihr Hausgehilfe?«, erkundigte ich mich.

»Erkennen Sie ihn denn nicht, White? Er ist der ältere der zwei Burschen, die Sie mir vor zwei Jahren herbrachten. Er ist ganz gesund und ein hoffnungsvoller Junge. Für ihn haben wir keinen Pfennig zu viel ausgegeben, und er ist ein eifriger Christ.«

Ich wandte mich an den Jungen.

»Wo ist denn dein kleiner Bruder? Geht's ihm auch gut?« Seine Augen füllten sich mit Tränen.

»Er ist bei Gott. Die Krankheit war zu weit fortgeschritten ... Aber er hatte keine Angst, Buana. Er wusste, dass er in den Himmel kommt ... Wenn man ein Freund des Herrn Jesus Christus ist, braucht man keine Angst vor dem Tod zu haben; wir wissen ja, dass er nur darauf wartet, uns willkommen zu heißen! ...«

Wildenten

Ich säuberte die uralte Flinte und ölte sie. Eine fette Gans für Sonntagmittag wäre mir jetzt willkommen gewesen. Ich steckte vier Patronen ein und dachte bei mir selbst: ›Jetzt also eine Tasse Tee und dann ein paar Enten‹.

Ich rief nach Roger und nahm eine drei Monate alte Zeitung zur Hand. Als ich von dem Anzeigenteil aufsah (die einzigen Seiten im Blatt, die ich nicht schon mindestens zweimal gelesen hatte), hätte ich die Zeitung beinahe vor Erstaunen fallen lassen: Da stand der Küchenjunge vor mir; und alles, was er am Leibe hatte, war eine Schürze meiner Frau.

»Ja, was um alles in der Welt machst du denn *damit*?«, fragte ich.

»Es ist Samstag, Buana. Ich wasche meine Wäsche. Ich habe ja nur ein Hemd und eine kurze Hose. So borgte ich mir Bibis Schürze. Ich spare nämlich jeden Groschen für meine Kühe zur Aussteuer. Habe ich dir schon erzählt, dass meine Verwandten in Nagali mir drei Kühe geben wollen? Das macht zusammen sechzehn. Dann fehlen nur noch vier.«

Ich sah seinen breiten Rücken – im Spiegel – und lachte vor mich hin.

»Das ist ja großartig, Roger. Koche etwas Tee; das wollen wir feiern! Und dann gehen wir Enten schießen. Machst du mit? Ich habe mir das Gewehr des *Buana schamba* (des Regierungsbeamten für Landwirtschaft) geliehen. So ein paar Enten für morgen Mittag – das wäre doch eine feine Sache, nicht wahr?!«

»*Jah*«, rief Roger da. »Ich komme mit!«

Wir mussten drei Meilen gehen, ehe wir an einen flachen See kamen. Roger hatte sich die drittbeste Hose des Kochs geliehen, dazu das Wollhemd des Schul-Lehrers.

Eine neugierig glotzende Jungenschar lief hinter uns her, als wir durch das Dorf gingen.

Wir durchquerten ein breites sandiges Flussbett und einen Mango-Hain. Vor uns, zwischen zwei kegelförmigen Erhebungen, die sich scharf von der Ebene abhoben, lag ein seichter, von Schilfrohr umsäumter See. An einem verfallenen Araberhaus vorbei ging's auf einem schmalen Pfad abwärts, zwischen blattlosen Baobabs hindurch. Wir umgingen die eine Bucht des Sees; neben uns trank höckriges Vieh aus Wasserlöchern in der Nähe des Ufers, und eingeborene Frauen füllten ihre Kürbisflaschen mit Wasser. Als sie mein Gewehr sahen, lächelten sie.

»Fleisch, Buana?«

»Ich hoffe«, antwortete ich.

Wir standen gerade an einer vortrefflichen Stelle zwischen hohem Schilf. Dort duckten wir uns und warteten auf die Wildenten, die von ihren Raubzügen in die Erdnuss-Gärten zurückkommen mussten. Die Sonne ging gerade wieder mit einer Pracht unter, die für diese staubigen Ugogo-Ebenen so typisch war. Wir besahen uns das Gewimmel der Wasservögel. Über uns flogen in unregelmäßiger Formation kleine weiße Reiher; die Sonne ließ ihr Gefieder wie Silber glänzen, als sie über den Bäumen verschwanden. Einige Blesshühner kamen in unsere schmale Bucht geschwommen, verschwanden aber schnell wieder, sobald sie uns erblickten. Sieben plumpe Kraniche mit goldener Brust schlugen heftig mit ihren großen Schwingen, als sie sich in den Baumspitzen niederließen. Roger fasste meinen Arm.

»Da sind sie, Buana.«

Wir tarnten uns gut. Eine schnatternde, gut formierte Entenschar flog auf uns zu. Ich feuerte beide Läufe ab. Mit Geschrei sprang Roger empor und stapfte durch den Schlamm zu einem der Vögel. Ich war höchst befriedigt, meinen Sonntagsbraten vor mir wie einen Stein vom Himmel fallen zu sehen. Die Luft wimmelte von Vögeln.

Der Knall des Schusses schuf eine große Verwirrung. Alle möglichen Wasservögel flogen kreischend zum anderen Ende des Sees. Von oben bis unten mit Schlamm beschmiert, erschien Roger mit fröhlichem Gesicht; er hatte zwei dicke Enten am Genick gepackt.

»Zwei Stück mit zwei Schüssen, Buana, so etwas hast du ja noch nie gemacht!«

»Na ja, Roger, ich brächte es wahrscheinlich auch nicht noch einmal fertig. Möchtest du auch mal schießen?«

»*Jah*«, jubelte er, »o ja!«

In der Ferne hörten wir wieder Geschnatter. Roger duckte sich, wobei er auf einem Fuß balancierte; immerhin –, der Gewehrlauf zeigte schon nach oben. Ich entsicherte die Flinte und riet ihm:

»Ziele etwa einen Meter vor diejenige, die du treffen willst.«

Er rollte erregt die Augen und antwortete: *»Jah!«* Die Tiere waren jetzt in Schussweite gekommen. Roger legte sich etwas nach hinten und drückte ab. Der Schuss dröhnte. Die Vögel flogen weiter, nur etwas schneller! Und Roger flog auf die Erde; der Rückstoß hatte ihn aus dem Gleichgewicht gebracht; da lag er im Schlamm und krümmte sich vor Lachen. Das Gewehr lag auf seinem Bauch!

»Wahrhaftig«, rief er, »wir sollten uns doch lieber von Hühnern ernähren, anstatt mit so einem Ding zu hantieren. Das stößt ja wie ein störrischer Esel!«

Sumpf und Morast

»Das war einmal ein gutes Klavier«, sagte ich lachend zu einem Freund, der erst kürzlich aus Australien gekommen war. »Ich habe keine Lust, es mit einem Schraubenschlüssel zu stimmen; auch weiß ich nicht, wie ich den Filzstreifen ersetzen soll, den die *dudus* gefressen haben.«

»Was ist das, ein *dudu*?«

»Ein Suaheli-Ausdruck für alles, was krabbelt, beißt und zwickt – ganz gleich, ob groß oder klein.«

»Schließt er ebenso die großen schwarzen Ameisen ein, die wir auf dem Weg vom Krankenhaus bis hierher sahen?«

»Ja, und auch Skorpione, Zecken, Ohrenkneifer Tausendfüßler und Moskitos, einfach alles und jedes.«

»Dann muss es in Afrika ja von *dudus* wimmeln.«

»Allerdings. Einmal sah ich einen unglücklichen Missionar durch hohes Gras wandern. Er bemerkte nicht den Zug von roten Ameisen, die die Leute ›Siafu‹ nennen. Plötzlich sah ich, wie er hochsprang und sein Hemd herunterriss. Dann hörte ich, wie er schrie, während er sich wie verrückt anstrengte, die wild beißenden Insekten abzuwehren. Er sah zu ulkig aus. Ich lachte, bis ich Bauchschmerzen bekam, wobei ich überhaupt nicht merkte, dass sie mich ebenfalls angriffen, und ehe ich mich versah, gab ich selbst eine solch lächerliche Figur ab.«

»Hmmm … Ein interessantes Fleckchen Erde!«

»Ohne Zweifel. Haben Sie schon mal etwas von einem Mango-Spanner gehört?«

»Noch nie. Was ist das? Eine Art Obstbaum-Spanner?«

»Na ja, im konkreten Fall habe ich mich als Arzt bedauerlicherweise mächtig geirrt. Ich war einmal mit dem kleinen David unten in der Nähe der Tanganjika-Küste. Wir hängten unsere Wäsche zum Trocknen auf; aber aus irgendwelchen Gründen geriet ein schmutziges Hemd mit auf die Leine. Das war dem Mango-Spanner gerade recht. Er legte dort heimlich seine Eier hinein, wobei sie dann irgendwie auf die sauberen Sachen gelangten. Drei Tage später war der kleine Kerl übersät von Geschwüren; wenigstens hielt ich sie dafür. Ich behandelte sie daher wie üblich, war aber höchst erschrocken, als ein oder zwei Tage später eins aufplatzte und eine dicke Made herauskroch. Und dann hatte ich das »Privileg«, noch weitere dreiundvierzig aufzuschneiden. Wenn ich da noch dran denke!«

»Ekelhaft.«

»Nun ja, es war ein anstrengender Tag heute. Lassen Sie uns hineingehen. Hier weiß man nie, was die Nacht bringt. Zunächst will ich mal eine Tasse Tee brauen. In der Zwischenzeit wäre es schön, wenn Sie etwas Musik machen. Aber treten Sie das linke Pedal nur halb herunter, und vermeiden Sie alle B-Tonarten in der Nähe des mittleren C, dann klingt's nicht ganz so schlimm!«

Wir tranken unseren Tee und sagten uns »Gute Nacht«; doch ich war noch nicht im Bett, als eine laute und ziemlich erschrockene Stimme rief: *»Hodi?«* Ich öffnete die Tür.

Mit einem Speer, zwei Stöcken und einer verrußten Laterne in den Händen trat mein Besucher ein.

»*Mbukua* (Guten Abend!), Buana.«

»*Mbukua.*«

»Hier ist ein Brief von Suliman, dem Inder in Handari.«

Er überreichte mir einen Stock mit einem Spalt, in den ein verschmutzter Brief geklemmt war. Ich musste lächeln, als ich den Boten betrachtete: Er trug Rindsledersohlen und ein billiges Kattunhemd, das über seine abgetragenen kurzen Hosen reichte. Mitten auf der Vorderseite des Hemdes war ein steigender Drache zu sehen, der offenbar unter starken Verdauungsstörungen litt, und darunter war zu lesen: ›Zweiundvierzig Meter. C-Qualität. Hergestellt in Japan.‹ Ich erinnerte mich, dass der Nähjunge mir von einer Preissenkung bezüglich des Stoffes, der bei dieser Marke verwendet wurde, erzählt hatte. Pro Rolle Stoff musste man nun zehn Pfennig weniger bezahlen.

Ich zog den Brief heraus und öffnete ihn:

Handari, Tanganjika

Lieber Buana Doktor,

ich bin in großer Not, denn meine Frau hat 40 °C Fieber mit Schüttelfrost und Schweißausbrüchen. Bitte, komm sofort. Ich habe die Ehre, als dein gehorsamer Diener grüßen zu dürfen,

Suliman Luda

Mein australischer Freund las ihn über meine Schulter hinweg mit.

»Da haben wir ja alles, was wir wollen, Doc, besonders nach dem abendlichen Regenguss.«

Ich nickte und wandte mich an den Boten:

»Geh zum Krankenhaus hinüber, rufe Roger und bitte ihn, das Auto mit Spaten, Hacken, Ketten und Seilen zu beladen. Er weiß ja, was wir sonst noch alles im Kampf mit dem Schlamm brauchen.«

»Ja, Buana.«

Wir zogen alte Arbeitskleidung an und füllten die Öl-Lampen, während Dr. Hannah sich schnell eine Taschenlampe zurechtbastelte, von der er annahm, dass er sie irgendwie gebrauchen könnte. Wir verpackten Spritzen, Nadeln sowie alle möglichen Arzneien und stapften durch den Matsch zu unserem Ford. Roger hatte gerade eine Rolle mit zehn Metern Drahtseil verstaut; er grinste von einem Ohr zum anderen.

»Das gibt 'nen Spaß heute Nacht, Buana! Ich höre die Bäche schon rauschen.«

Ich ließ den Motor an und wartete nur noch, bis der Bote sich hinten neben Roger niedergelassen hatte. Die Scheinwerfer schnitten einen Pfad durch das dichte Dunkel. Geblendete Nachtvögel prallten gegen die Windschutzscheibe. Vor uns standen vier magere Esel mitten auf dem Weg. Sie galoppierten in wilder Flucht davon, als ich auf die Hupe drückte. Wir durchfuhren unser Dorf. Hier und da saß eine Gruppe Leute um die glühende Asche eines Feuers. Sie schwatzten oder widmeten sich verschiedenen afrikanischen Gesellschafts-

Spielen. Rechts und links von uns lagen Hirse-Felder. Gelegentlich duckte ich mich unwillkürlich, wenn die schwere Ähre eines Halmes gegen die Scheibe schlug. Dann kamen wir in eine unbewachsene Ebene in der Nähe eines Flusses. Ich hielt an; die Scheinwerfer erleuchteten die braunen Wassermassen. Vorsichtig watete ich in den Fluss hinein, um die Festigkeit des Grundes zu prüfen. Roger, der neben mir den Grund abtastete, sagte: »Besser könnte es nicht sein, Buana. Nur zehn Zentimeter tief und ganz harter Sand.«

Nach fünf Minuten saßen wir wieder im Wagen und fuhren langsam hindurch. Zum Schluss gab ich Gas, denn das Ufer stieg plötzlich steil an.

»Das war *einer*«, atmete ich auf. »Zwölf haben wir noch vor uns!« Die nächsten vier Flüsse waren ganz flach. Wir fuhren gerade einen Hügel hinauf. Da brach ein Rudel Gazellen aus dem dichten Dornbusch hervor und geriet in die Lichtschneise, die unsere Scheinwerfer in das Dunkel schnitten. Sie waren total aus der Fassung gebracht und hüpften in großen Sprüngen mindestens eine halbe Meile weit vor uns her. Es war so lustig, ihnen zuzusehen, dass ich beinahe Steuer und »Straße« vergessen hätte. Vor uns tauchte wieder ein Fluss auf. Aus Erfahrung wusste ich, dass wir leicht hindurchkommen würden; so nahm ich das Gas weg, und hinein ging's! Das Wasser spritzte hoch auf, und ich war heilfroh, dass die Räder nicht rutschten. Schon waren wir am anderen Ufer. Doch direkt vor uns sahen wir ein großes schwarzes Loch. Wir stiegen aus, um es zu besehen. Die Wassermassen hatten einen v-förmigen Riss mitten durch ein Kornfeld und den Weg gegraben.

Es wäre sinnlos gewesen, ihn aufzufüllen. Wir mussten auf andere Weise versuchen, darüber hinwegzukommen. Dann stiegen wir wieder ein.

»Roger, du und der Bote, ihr schiebt mit aller Kraft, sobald ich hupe. Dann werden wir es wohl gerade schaffen. Drückt, so fest ihr nur könnt, sonst bleiben wir stecken.«

Ich fuhr ein Stück zurück, nahm Anlauf und hupte. Roger und Dr. Hannah schoben aus Leibeskräften, aber der Bote machte sich einfach aus dem Staub! Der Wagen rutschte auf einem Stück Metall zur Seite ab und blieb stehen. Der Motor lief zwar noch, aber ein Rad bohrte sich tief in den Schlammboden hinein. Da saßen wir nun! Ich schaute nach, ob Schaden entstanden war. Wenn der Bursche geschoben hätte, wären wir durchgekommen. Drei Räder hingen in der Luft; die hintere Stoßstange trug das gesamte Gewicht des Wagens.

In der allgemeinen Verwirrung, die nun herrschte, schlich der Bote heran, nahm Laterne und Speer – und war plötzlich in der Dunkelheit verschwunden! Wir gruben etwas; es half nichts. Dann hielten wir Kriegsrat.

»Suliman kann etwas Englisch sprechen. Bis zu seinem Laden sind es nur noch zwei Meilen. Ich schlage vor, dass Sie, Hannah, vorausgehen und sehen, was Sie für den Patienten tun können. Roger und ich versuchen es noch einmal. Halten Sie sich auf dem Weg, Hannah, sonst können wir Sie in einem Sumpfloch suchen. Eine verrückte Gegend hier!«

Dr. Hannah nahm den Arzneikasten und stapfte los, wobei er mit seiner Miniatur-Ausgabe von Taschenlampe vor sich herleuchtete. Roger und ich holten die Winde heraus.

»Wir brauchen Steine, die wir unter die Räder legen. Hier, nimm die Lampe.«

Roger nahm die Laterne und ging los. Er kam zurück und schleppte einen riesigen Stein herbei. Ich lag gerade unter dem Wagen und grub mit einem Haken-Eisen ein Loch, in das ich den Stein legen wollte. Roger brachte ihn eilends heran. Es sah so aus, als ob wir es in einer halben Stunde schaffen würden. Da hörte ich ein lautes Klirren, dem eine schallendes Gelächter folgte. Um mich her war es so dunkel wie im Bauch einer Kuh.

»Was ist passiert?«, rief ich und schaltete das Fernlicht ein. Roger kam daher und bog sich vor Lachen. Er brachte die Reste meiner Sturmlaterne an und war patschnass. »Ich rutschte im Schlamm aus, Buana, und fiel auf die Laterne. Guck mal … aber es schadet nichts, es war ja deine Lampe, und die Hosen gehören meinem Bruder!«

Eine volle Stunde fischten wir im Dunkeln nach Steinen, wobei mir Roger dauernd mit den vielen Schlangen, die es hier gab, »Mut machte«. Endlich lagen die Steine unter den Rädern.

»Nur Steine können uns helfen. Auf dem Lehm rutscht man aus, aber auf Steinen nicht. Genauso ist es mit dem Glauben an Jesus, Buana. Ihm kann man ganz vertrauen.«

»Das ist wahr, Roger. Wir wollen ihn bitten, uns zu helfen, bevor wir anfahren.«

Ganz geknickt standen wir da. Als wir dann aber auf dem Trittbrett niederknieten, waren wir uns dessen bewusst, dass wir auch hier, in der Finsternis Ostafrikas, Gott ganz nahe waren. Ich stieg ein und ließ den Motor an. Roger schob hinten. Ich ließ die Kupplung los, und mit einem Ruck waren wir heraus!

»Hei!!«, rief Roger gellend. Er sprang in den Wagen. »Wer weiß, wo der Buana Hannah jetzt ist!«

»Er wird bereits dort sein und den Patienten behandelt haben«, erwiderte ich.

»Na, ich bin gespannt«, sagte Roger – das brauchte er nicht lange zu sein; denn eine Meile weiter unten, wo große Granitblöcke neben dem Weg lagen, saß Dr. Hannah auf einem Baumstumpf, in jeder Hand einen Wurfstein. Ich hielt an.

»Nanu«, rief ich.

»Ich wollte mit meiner Batterie sparsam sein und stolperte über eine Wurzel. Die Birne zerbrach – und nun sitze ich hier seit einer Stunde; eine Hyänenfamilie zeigt mir ihr wärmstes Interesse.«

Ich fuhr ein Stück zurück. Im Scheinwerferlicht duckten sich zwei große Hyänen, keine zwanzig Meter von uns.

Nach zehn Minuten erreichten wir das Geschäft des Inders und traten durch eine Wellblechtür ein. Zu beiden Seiten lagen Fahrrad-Pumpen, brauner Zucker, Säcke mit Bohnen – ein unbeschreibliches Durcheinander von Waren. Wir gingen durch den Laden zum Schlafraum. Auf einem niedrigen Sofa lag eine junge indische Frau, mit einem billigen japanischen Moskito-

Netz bedeckt. Sie war offensichtlich sehr krank. Hannah und ich berieten leise.

»Ich meine, wir sollten ihr eine Chinin-Spritze in eine Vene geben.«

»Ja, schon, aber ich vergaß, Ihnen zu sagen, dass mir bei dem Fall die Spritze zerbrach.«

»Nun, dann müssen wir es ihr durch den Mund eingeben und das Beste hoffen. Weiter können wir nichts tun.«

Sie schluckte die Pillen ohne Schwierigkeiten. Roger saß an der Feuerstelle, die etwas erhöht lag. Er hatte darauf bestanden, dass man uns Tee kochte, denn, so sagte er, sein Buana sei im Schlamm herumgepaddelt und habe ihn sehr nötig.

Als ein anderer Inder von unserem Aufenthalt in der Stadt hörte, kam er und bat mich, nach seiner Frau zu sehen, die Asthma hatte. Wir behandelten sie sogleich. Es war nach vier Uhr morgens, als wir zur Rückkehr aufbrachen. Suliman lieh mir eine Laterne mit einer kräftigen Batterie. Unser Abschied wurde durch Blitze und Donnerschläge verkürzt. Wir hatten gerade den ersten Fluss durchquert, da klopfte Roger heftig von hinten gegen das Führerhaus. Ich stoppte. »Sieh mal, Buana«, rief er und zeigte mit dem Kinn stromaufwärts.

Ich leuchtete dorthin und sah einen schäumenden Brecher den Abhang herunterdonnern. In einigen Sekunden war der Fluss, den wir gerade durchfahren hatten, eine wild strudelnde Wassermasse.

»Hmmm …«, sagte Dr. Hannah, »gerade zur rechten Zeit!« Mit größter Vorsicht näherten wir uns der Stelle, an der wir uns vorhin so abgeschunden hatten. Die

Steine wurden wieder zurechtgerückt. Diesmal gelang die Durchfahrt, obwohl wir zweimal zurückrutschten. »*Nsogolo*«, brummte Roger. »Der zweite Hahnenschrei. Zeit zum Aufstehen!« »Was sagt er?«, fragte mein Kollege. »Er sagt, es sei Zeit zum Aufstehen!«

»So? Na, für mich ist's Zeit, ins Bett zu gehen«, erwiderte Hannah.

Hirnhautentzündung

»*Kumbe!* Das war ein gutes Geschäft, Buana. Zwei Kühe für achtundvierzig Schilling! Ich erhielt sie nur, weil der alte Muschiwa sein Geld zusammenbekommen musste, um seine Kopfsteuer zu bezahlen.«

Mein Küchenjunge stotterte vor Aufregung.

»Nur noch zwei Kühe, und dann kann ich heiraten!«

»Das ist ja großartig, Roger. Jetzt willst du es sicher deiner Nora erzählen?«

»Ja, Buana, und Daudi sagt mir, dass du auf Safari nach Buigiri gehst. Darf ich mit? Ich bekomme die zwei Kühe bestimmt von meinen Verwandten, die dort in der Nähe wohnen.«

»Und wer tut deine Arbeit hier, Roger?«

»Es sind Schulferien, Buana, und im Übrigen kennt Antonius die Arbeit des Küchenjungen genau.«

»Gut, wenn der Koch nichts dagegen hat, kannst du morgen früh mit uns reisen.«

Zwanzig Meilen von uns lag ein Zweigkrankenhaus, das wir besuchen wollten. Das Auto wurde mit allen möglichen Arzneien beladen. Daudi, der Verteiler, ging mit mir die Liste des Zubehörs durch.

»Wir haben alles aufgeladen, Buana, außer dem Zentner Bittersalz. Meine Frau wird ihn gleich vom Lager herunterbringen.«

»*Kah*«, sagte ich. »Meinst du nicht, dass sie dabei mitten durchbricht? Sie ist doch so hager.«

Daudi lächelte. »Tu ihr mal ein Fass auf den Kopf; sie trägt es den ganzen Tag lang.« Nach einigen Minuten brachte sie das Fässchen; sie balancierte es vorsichtig auf dem Kopf. Ihr kleines Söhnchen beschaute uns interessiert über ihre Schulter hinweg. Ich konnte ein leises Lächeln nicht unterdrücken, als Nora mitkam. Rogers Verlobte meinte nämlich, dass »ihrer Kameradin die Last hätte zu schwer werden können«. Scheu stand sie ein wenig abseits, doch als ich mich ans Steuer setzte, kam sie dicht an den Wagen heran und schüttelte Roger lächelnd die Hand, wobei sie ihm etwas ins Ohr flüsterte. Ich zwinkerte ihr zu, schaltete den Gang ein, und los ging's durchs Dorf. Auf der dreißig Meilen langen Strecke mussten wir siebzig Bäche und kleine Flüsse überqueren. Als wir durch die Gärten schaukelten, die das begrenzten, was eine Straße sein sollte, sahen wir Tausende von Ibissen, die auf ihrem Flug von Europa nach Südafrika hier einen Zwischenstopp machten. Sie stolzierten in den Hirse-Feldern herum und fraßen die Millionen von Larven, die das Getreide befallen hatten. Andere zogen Kreise in der Luft und stiegen in Spiralen auf.

»*Jah*«, sagte Roger, »die *jobua* sind unsere besten Freunde. Wenn wir sie nicht hätten, gäbe es kaum eine Ernte. Kein Mugogo würde es wagen, einen von ihnen zu töten.«

Hinter einigen Granitblöcken schwenkten wir ein und wären beinahe in ein Dutzend großer Affen gefahren, die sich mitten auf dem Wege sonnten. Kreischend und quiekend flohen sie in das Dorngebüsch.

Noch lachten wir über diesen Vorfall, als wir etliche Wagogo[10] am Wege stehen sahen. Ich hielt an und grüßte sie:

»*Mbukueni.*«

»*Mbukua,* Buana«, antworteten sie.

»Worüber sprecht ihr?«

Ein alter Mann schüttelte das Haupt. »Eine große Gefahr droht dem Land, Buana. Wir wandern aus. Das Land ist verhext.«

Ich fragte die Wagogo weiter aus, doch sie sagten immer nur:

»Wir müssen fortziehen! Die schwarze Magie! Die schwarze Magie!« Sie zogen weiter, ihre Lehmhäuser hinter sich lassend, ein untröstlicher Haufen. Einige magere Hühner scharrten verloren neben den verlassenen Hütten im Mist. Scharen von Krähen suchten sich ihr Futter. Aus allen Teilen der Provinz sah ich kleine Gruppen von Menschen kommen. Die Frauen trugen, so viel sie konnten, auf dem Kopf; die Männer trieben ihre Herden vor sich her. Immer dasselbe: »Magie! Wir sind bezaubert! Schwarze Magie!« Und dann ein Gemurmel über den Tod, das ich nicht verstehen konnte.

Nach einer Stunde waren wir beim Zweigkrankenhaus angelangt. Ich ging zum Krankensaal hinauf, während Roger die Arzneien, Schmerzmittel, Salben,

10 Anmerkung des Herausgebers: »Wagogo«, »Gogo« und »Chigogo« sind im Grunde Begriffe, die alle die gleiche Volksgruppe bezeichnen, wobei der letztgenannte Ausdruck auch für deren Sprache gebraucht wird (vgl. Fußnote 8 auf S. 63). Die Wagogo siedeln vorwiegend in Ugogo, der in diesem Buch mehrfach erwähnten Region im Landesinneren, die sich in der Nähe von Dodoma befindet.

Spritzen und alles das, was ein Dschungelkrankenhaus benötigt, aus dem Auto lud. Als ich zur Poliklinik zurückkam, goss er gerade aus einer Blechbüchse Rizinus-Öl in enghalsige Flaschen. Alle seine Muskeln waren angespannt, seine ganze Kraft war auf den öligen Strahl konzentriert, der möglichst *in* der Flasche und nicht *auf* ihr landen sollte.

»Lach nicht, Buana«, hauchte er, »sonst zittert meine Hand. Heeeh – war das eine Qual!«, sagte er, als die letzten Tropfen in die Flasche fielen. »Darf ich jetzt drei Tage freibekommen für meine ›Kuh-Jagd‹?«

»Ja doch, nun geh schon, aber sei spätestens am Freitagnachmittag zurück.«

»In Ordnung, Buana. Auf Wiedersehen und vielen Dank!«

Er nahm den alten abgetragenen Tropenhut, der einst mir gehört hatte, und ging über den Hügel, von dem aus ich einst meinen ersten Leoparden gesehen hatte, davon.

Später sprach ich mit der Schwester über die Meningitis-Epidemie.

»Im Dorf ist bestimmt Meningitis ausgebrochen, Doktor. Ich weiß von mehr als zwölf Todesfällen. Die Leute kommen nicht ins Krankenhaus. Sie schreiben die ganze Sache einer Zauberkraft zu, und die Medizinmänner sind dauernd dabei, Hexen aufzuspüren und Zaubermittel anzufertigen.«

Hinter mir lag ein anstrengender Tag in diesem kleinen Raum mit seinen Lehmwänden, seinen Kistenholzschränken und -tischen und seinen vielen Schüsseln, Eimern und Büchsen. Ich untersuchte Patienten, behandelte kranke Augen und – ohne das ging es ja nie – zog Zähne.

Etwa fünfzig Mütter brachten mir ihre Babys, auf die sie ganz stolz waren, zur Untersuchung. Am Abend waren es mindestens zwölf Leute, die mit mir nach Mwumi zurückfahren wollten. Doch konnte ich nur vier von ihnen mitnehmen, und dazu zwei starke Burschen für den Fall, dass wir stecken blieben. Ihnen allen machte ich es hinten so bequem wie möglich. Es war spät in der Nacht, als wir in Mwumi ankamen. Dort wartete jedoch ein alter afrikanischer Geistlicher auf mich.

»Buana, ich habe von dem Aufruhr gehört, der durch diese tödliche Krankheit in dem Dorf jenseits des Dornbuschwaldes entstanden ist. Eine sehr ernste Angelegenheit!«

»Erzähl mir etwas davon, Mika.«

Er schüttelte den Kopf.

»Buana, man kann nichts dagegen tun. Fast jeder, der sie bekommt, muss sterben, und auch, wenn sein Leib nicht stirbt, ist sein Geist doch tot. Was hat er noch vom Leben, wenn er den ganzen Tag wie ein Affe herumläuft?«

»Aber die Leute brauchen nicht zu sterben, Mika. Ich habe ein Gegenmittel: Tabletten und Spritzen, die werden helfen.«

»Nicht bei dieser Todeskrankheit, Buana. Es ist nicht wie bei Malaria, weißt du? Hier in diesem Fall bekommen die Leute hohes Fieber und einen steifen Nacken. Sie werden bewusstlos und fantasieren. Dann sterben sie. Wir kennen kein Heilmittel.«

»Es gibt dennoch eins, und ich habe es bei mir. Wir nennen diese Krankheit Hirnhautentzündung, und diese Pillen – sieh hier – werden die Menschen wieder gesund machen.«

Er sprang auf vor Erregung.

»Buana, ich werde sofort Boten zu den Häuptlingen schicken und ihnen dies berichten lassen. Bist du deiner Sache auch ganz sicher?«

»Ja. Aber sag den Häuptlingen, es sei sehr wichtig, dass die Leute früh genug eingeliefert werden – sofort, wenn der Hals steif wird.«

»Ja, Buana, ich verstehe.«

Er setzte sich und schrieb einen Brief nach dem anderen. Er hatte den letzten gefaltet und klemmte ihn behutsam in einen Stock ein.

»Buana, das Krankenhaus wird überfüllt werden. Die Leute werden von allen Seiten herbeiströmen. Was für ein Gleichnis ist das doch! Dasselbe tat doch auch Jesus. Deine Tabletten sind der einzige Weg, um die Leute von der tödlichen Meningitis zu heilen, und Jesu Tod ist der einzige Weg, um die Sünde der Menschen wegzunehmen. Die einheimische Medizin kann nichts ausrichten, und der Zauberdoktor ist machtlos, aber deine Pillen werden die Macht dieser Krankheit brechen, so wie Jesus der Einzige ist, der das Seelengift – die Sünde – unschädlich machen kann.«

»Das ist wahr, Mika. Deshalb, so meine ich, trägt unsere Tätigkeit als Missionsärzte mit dazu bei, das Evangelium so zu sagen, dass auch die Leute aus dem Urwald, die nicht lesen können, es verstehen.«

Boten wurden ausgeschickt, und bald strömten die Leute aus allen Richtungen herbei. In kleinen Gruppen kamen sie zum Krankenhaus. Einige wurden getragen, andere schleppten sich mühsam daher. Es war ergreifend zu sehen, mit welchem Verlangen nach Hilfe sie kamen. Unsere Bettstellen reichten natürlich bei Weitem nicht aus. Wir hatten schon das Lager ausgeräumt und alle alten Patienten, außer den schwersten Fällen, entlassen. Wiedergenesende schliefen in der Küche, Personen mit Knochenbrüchen wurden im Schulraum untergebracht. Wir räumten das Kinderzimmer aus und legten Matten hinein. Schwestern liefen mit Bettwäsche und Decken herum. In der Poliklinik löste Samson Tabletten in Salzlösung auf. Er überprüfte neue Spritzen sowie Nadeln und machte sie zum sofortigen Gebrauch fertig. Daudi reinigte Glasplättchen im Pathologie-Raum und sterilisierte über der Spiritusflamme Reagenzgläser, die in Kürze die Rückgrats-Flüssigkeit der Kranken in sich aufnehmen sollten. Im Operationszimmer bereitete Kefa Tabletts für dringende Operationen vor. Frisches Wasser wurde herbeigeholt, während man Sterilisatoren für alle Krankenzimmer bereitstellte. Ich ging in mein Büro und arbeitete einen Plan aus. Wir mussten in allem sehr sorgsam vorgehen. Kein Schritt durfte vergessen werden, denn es standen viele Menschenleben auf dem Spiel.

Ich werde nie den ersten Patienten vergessen. Seine Krankheit war sehr weit fortgeschritten. Er lag bewusstlos im Delirium. Einer der Männer, die ihn trugen, murrte:

»*Kah,* es war nichts als Kraftvergeudung, ihn sechs Meilen weit herbeizuschleppen. Ihr seht doch: Vor Sonnenuntergang ist er tot.«

Die Angehörigen saßen leise flüsternd vor dem Laborfenster. – Unsere Vorgehensweise im Kampf gegen die Meningitis war klar. Jeder wusste, was er zu tun hatte: Daudi nahm eine Blutprobe und holte ein besonderes Reagenzglas. Kefa brachte eine Nadel zum Einführen in das Rückgrat, während unser Verteiler die Spritze, die Nadeln und das Desinfektionsmittel fertig machte. Eine kleinere Operation war geschafft. Die Flüssigkeit war trübe. Daudi meldete:

»Keine Malaria-Erreger im Blut zu sehen.«

Sogleich spritzte ich eine starke Dosis ein. Daudi berührte meine Schulter.

»Meinst du, dass er am Leben bleibt?«, flüsterte er.

»Ich denke, ja. Er ist in Gottes Hand; lass uns für ihn beten.« Nach einigen Minuten erhoben wir uns von den Knien.

»Als ich durch das Mikroskop sah, Buana, hörte ich die Verwandten sich darüber unterhalten, wie sie seine Kühe aufteilen wollten, wenn er gestorben sei. Sie sind der festen Meinung, dass er sich nicht wieder erholt.«

»Was auch immer geschehen mag, lass sie nicht hereinkommen, bevor ich es dir sage.«

Ich wandte mich an die Gehilfen.

»Jeder muss jetzt eine Maske aufsetzen, solange er im Raum ist. Ich möchte nicht, dass ihr euch auch noch ansteckt.«

In der Nacht gab ich dem Mann eine weitere Spritze. Am Morgen war ich selbst höchst erstaunt, ihn bei vollem Bewusstsein im Bett liegen und einen vollen Teller Haferschleim vertilgen zu sehen. Daudi war außer sich vor Freude!

»Die Verwandten werden staunen, wenn sie ihn sehen. Jetzt warten sie unten im Dorf auf seinen Tod; nachher werden sie jubeln – mit dem Mund, und im Stillen werden sie an seine Kühe denken ...«

Ein wild aussehender Mugogo – mit Schmutz in den Haaren und einem langen, messerscharfen Speer in der Hand – trat ein.

»Buana, wir wollen unseren Verwandten sehen. Wir wissen genau, dass er im Sterben liegt, und möchten bei seinem Tod an seinem Bett sein.«

Daudi trat mir sacht auf den Fuß.

»Der Buana erlaubt euch hereinzukommen, aber ihr müsst alle eine Maske vor dem Gesicht haben und mit keimtötender Flüssigkeit bespritzt werden.«

Vier Männer und eine böse dreinschauende Oma traten an, um sich mit einer Flitspritze[11] ein Insektenvertilgungsmittel ins Gesicht sprühen zu lassen. Vorher hatte Daudi jedem einen Lappen über Nase und Mund gebunden – und zwar nicht gerade sehr sanft.

---

11 Anmerkung des Herausgebers: Die Flitspritze wurde in den 1920er-Jahren erfunden und kam im Kampf gegen Moskitos sowie andere Insekten zum Einsatz. Die auch als nachfüllbare »Selbst-Sprühbüchse« bezeichnete Spritze gilt als Vorläufer der Spraydose: Wirkstoffe – in diesem Fall Insektizide – wurden in verflüssigtem Gas aufgelöst und in einem Metallbehälter unter hohem Druck aufbewahrt, sodass sie als feiner Nebel durch eine kleine Öffnung nach außen dringen konnten.

»Oh, unser armer Verwandter«, sagte einer der Männer.

»*Jaja gwe*«, seufzte ein anderer.

»Kommt, seht ihn euch an«, forderte Daudi sie auf, »aber seid leise!«

»*Kah*«, rief der Wortführer, als er hinter den Vorhang trat und sah, wie sein Verwandter gerade einen Löffel Haferbrei zum Mund führte. Sprachlos vor Erstaunen standen sie da.

»*Jah*, es geht ihm besser, *jah!*«

»*Mbukua*«, antwortete der Patient, als sein Brei es ihm erlaubte.

Seine Angehörigen waren so überrascht, dass sie ihn nicht einmal begrüßten. Wir drängten sie wieder hinaus.

»*Huh*«, stichelte Daudi, »was wird nun aus seinen Kühen? Zwei für euch und drei für mich!«

»Halt«, sagte einer von ihnen. »Sprich nicht davon! Wir haben uns schwer vergangen. Aber wie konnten wir ahnen, dass er sich wieder erholt? So etwas ist noch nicht vorgekommen.«

»Wenn es euch leidtut, so geht und sagt es auch anderen Leuten, dass wir diese Todeskrankheit wirklich heilen können. Aber wenn sie am Leben bleiben wollen, sollen sie früh genug kommen. Erzählt ihnen, wie es eurem Verwandten erging.«

Tag und Nacht strömten die Menschen herbei. Unser Personal arbeitete bis zur Erschöpfung. Mika, der alte Geistliche, war fast dauernd im Krankenhaus. Er holte Gruppe um Gruppe in seinen kleinen Raum und zog

Parallelen zwischen einem geretteten Leben und einer geretteten Seele. Er erzählte den Versammelten von seinem Herrn, von Golgatha, von Jesu Auferstehung und von dem lebendigen persönlichen Heiland. Nie habe ich deutlicher erlebt, wie ärztliche Arbeit die Speerspitze des Evangeliums sein kann.

Die erste Wut der Epidemie hatte sich gelegt. Es mag sein, dass das Personal langsam ein wenig unachtsam wurde; ich hatte auf sorgfältigen Vorsichtsmaßregeln bestanden, damit die Pfleger und Schwestern vor Ansteckung verschont blieben. Es kamen immer weniger Kranke zu uns, und ich meinte schon, dass unser Personal auch gut durchgekommen sei. Doch mein Schrecken war groß, als eines Tages eine ältere Schwester bei der Arbeit einen Schwäche-Anfall bekam und erste Anzeichen der Krankheit zeigte. Sie wurde sofort ins Bett gepackt. Es folgten die übliche kleine Operation und die Entnahme der Flüssigkeit aus dem Rückgrat. Ich hielt das Reagenzglas gegen das Licht; die unheilvolle, milchartige Flüssigkeit zeigte Hirnhautentzündung an. Daudi tat einige Tropfen auf ein Glasplättchen und färbte sie. Es erschienen jene frechen Krankheits-Erreger, die sich in Pärchen gegenüberlagen und in zwei Minuten wie alte Gartenbohnen aussahen. Sie waren winzig klein, aber sie waren gefährlicher als alle Löwen, Krokodile und Giftschlangen Ostafrikas, weil ihnen mehr Menschen zum Opfer fielen.

Ich hatte Samson gebeten, eine starke Injektion aus den Tabletten herzustellen, die uns so gut geholfen hatten. Das Entsetzen stand ihm im Gesicht geschrieben, als er zurückkam.

»Es sind nur noch vier Tabletten in der Schachtel, Buana!«

»Oh, das ist nicht schlimm. Die Post kommt ja nachher. Ich erwarte eine neue Sendung.«

Die Post brachte aber nur drei Briefe, die mir alle dasselbe berichteten. In ganz Kenia, Uganda und Tanganjika waren keine Tabletten mehr aufzutreiben. Die ostafrikanischen Lagerbestände waren leer. Ich rief unsere Leute zusammen und machte ihnen die Lage klar.

»Wenn wir bis morgen Mittag die Tabletten nicht haben, wird Blandina sterben.«

»Buana, hast du auch den Postbeutel richtig ausgeschüttelt?«, wollte die alte Setschelela wissen.

»Ganz und gar, Mutter«, antwortete ich.

»Dann gibt es keinen Ausweg«, sagte sie. »Lass uns beten. Diese Lage können wir allein nicht meistern. Gott muss helfen.«

Eine Viertelstunde lang knieten wir nieder; einer nach dem anderen betete schlicht und kurz für unsere Schwester. Alle glaubten fest, dass Gott antworten würde, doch mein Vertrauen geriet irgendwie ins Wanken. Vier Tage lang würden wir keine Post mehr erhalten. Es gab kein Anzeichen für das ersehnte Päckchen, das uns so viel bedeutete! Wir waren in der nassen Jahreszeit. Durch den Morast würde uns kein Auto erreichen können. Wie konnten wir nur an die Tabletten kommen!?

Voller Unruhe ging ich heim. Es dämmerte schon. Ich aß mein Abendbrot und blätterte müde in einer alten Zeitung. Timotheus trat ein.

»Ein Sonderbote hat ein Paket für dich gebracht, Buana.«

Ich wartete auf einen neuen Luftschlauch.

»Leg es auf den Tisch«, sagte ich, ohne aufzublicken.

»Roger ist noch nicht zurück, Buana. Jetzt ist er schon fünf Tage fort.«

»Oh, er hat sicher Schwierigkeiten mit seinen Verwandten. Sie können sich nicht von ihren Kühen trennen.«

»Hodi«, rief eine dringliche Stimme an der Tür. »Buana, Blandina redet schon irre.«

Ich rannte an ihr Bett und war höchst erschrocken, denn ihr Zustand hatte sich verschlechtert. Sie bekam sogleich eine Spritze mit den restlichen Tabletten. Mir war erbärmlich zumute, als ich zurückging. Blandina hatte sich so manches Mal als eine kleine Heldin gezeigt. Ich erinnerte mich daran, wie sie einmal vierundzwanzig Stunden ohne Unterbrechung bei einem Kind wachte, das Blattlausfieber hatte. Dabei hatte sie zu dieser Zeit gar keinen Dienst gehabt, doch sie fühlte, dass nur sie mit ihrer langen Erfahrung dem Kind in der schlimmsten Phase der Krankheit zur Seite stehen konnte. Meine Gedanken gingen in die Zeit zurück, da sie sechs Monate lang ein Krankenhaus im Urwald, zehn Meilen von uns, geleitet hatte. Der Medizinmann hatte den Bann über jenen Ort ausgesprochen – den Bann, der für einen Nichtchristen den Tod bedeuten konnte; aber Blandina setzte ihr Vertrauen auf Gott und machte ruhig weiter. Sogar bewaffnete Leute hatte man geschickt. Sie schlugen nachts gegen die Tür, um die Patienten zu erschrecken. Blandina goss ihnen heißes Wasser über den Kopf.

Nun lag sie hier, sterbend, während wir nicht genügend von der einzigen Arznei hatten, die ihr helfen konnte. Ganz verzagt nahm ich die Zeitung wieder zur Hand und las den Artikel zu Ende. Dann entschloss ich mich, mein Paket zu öffnen. Dabei hoffte ich, dass man mir diesmal den richtigen Luftschlauch geschickt hatte. Ich packte es aus und sprang vor Erregung auf. Vor mir lag eine Dose mit 500 Tabletten, dazu ein kurzer Brief des Regierungsarztes, der vierzig Meilen weit von uns wohnte:

Lieber Doktor,

wir erhielten eben eine Doppelpackung dieser Tabletten. Wir dachten, Sie könnten vielleicht für die 500 Stück Verwendung finden.

Und ob ich das konnte! Ich packte die Dose und rannte zum Krankenhaus. Sie saßen alle ums Feuer. Ich konnte vor Erregung nicht sprechen. Sie sahen die bekannte Dose.

»*Kah*«, rief Daudi, »da sind sie! Ich wusste, dass Gott antworten würde. Jetzt können wir Blandina retten!«

Im Schein des Feuers knieten wir nieder und dankten Gott. Samson stürzte davon, um die Einspritzung vorzubereiten. Ich ging zu der Kranken. Ihr Kopf lag hinten herüber; sie stöhnte und fantasierte im Fieber.

Schnell gab ich ihr eine Spritze. Dann sah ich nach den anderen Fällen und hinterließ Anweisungen.

Daudi ging mit mir zurück.

»Ich wusste genau, dass Gott uns nicht im Stich lassen würde. Wenn wir ihm vertrauen, seinen Plänen folgen und seinen Willen tun, hilft er immer. Ist er nicht unser Vater?«

»Ja, Daudi, es gibt kein anderes Leben, das lebenswert wäre; aber die meisten Menschen vergessen, dass wir unter den Bedingungen leben müssen, die er uns stellt.«

»Das ist wahr. – Gute Nacht, Buana.«

Wir schüttelten uns die Hände. Bevor ich ins Haus ging, dankte ich Gott noch einmal für seine Wundertat. Ich bat um Verzeihung für meine Zweifel, und irgendwie spürte ich, dass mein Glaube gestärkt worden war.

Am nächsten Morgen ging es Blandina offensichtlich besser. Daudi kam zu mir:

»Welch eine Freude! Es geht ihr viel besser! Aber hast du schon etwas von Roger gehört?«

»Noch nicht, Daudi. Der wird gerade beim Kühejagen sein.«

»Er wollte am Freitag zurück sein, Buana, und er ist nicht ein Mann, der gewöhnlich drei Tage zu spät kommt.«

Nora kam herauf.

»Buana, ist Roger zurück?«

»Noch nicht, Nora. Dieser Bummelfritze! Wahrscheinlich feiert er irgendwo ein Fest.«

Doch sie lachte nicht. In ihren Augen stand Besorgnis geschrieben.

»Ich fürchte, es ist ihm etwas passiert, Buana.«

Am Abend kam ein Bote von Buigiri herüber. Daudi rannte hinunter, um Neuigkeiten von ihm zu hören. Ich hackte gerade in meinem kleinen Gemüsegarten. Der Bote überreichte mir einen Brief. Ich öffnete ihn und las:

Lieber Doktor,

ich muss Ihnen leider mitteilen, dass Ihr Roger gestern an Hirnhautentzündung gestorben ist, als man ihn bei uns einlieferte. Er hatte versucht, zu Fuß nach Buigiri zu kommen, brach aber auf dem Weg zusammen; und als seine Verwandten endlich mit den Trägern über die Summe für seinen Abtransport zu Ende verhandelt hatten, war es zu spät …

Ich gab Daudi den Brief. Die Sonne war hinter den Bergen verschwunden, und schnell wurde es dunkel. Ich sah eine Gestalt zwischen der Kirche und der Dorfschule dahineilen. Es war Nora. Daudi hatte sie ebenfalls erblickt.

»Lass mich es ihr sagen, Buana.«

Aber das brauchte er gar nicht zu tun. Sie schaute uns ängstlich an.

»Wir werden ihn wiedersehen, wenn auch nicht in Ugogo«, sagte er sanft zu ihr.

Nora war zu betäubt, um sprechen zu können. Einen Augenblick stand sie stumm da; dann verschwand sie gesenkten Hauptes in der Dunkelheit.

Ich legte meine Hand auf Daudis Schulter. Es fielen mir keine passenden Worte ein. Mit heiserer Stimme sagte er:

»Das ist Afrika, Buana. Unser Afrika.«